王氏族约辑注

（明）王　澈　原著

王靖岳　王剑峰　辑注

温州市龙湾区永昌堡文化研究会　编

中国文史出版社

王澈　像

英桥王氏宗祠中堂、天井 沈耀进 拍摄

王氏族约

八世孫敬著

祠儀第一

祠儀先廟禋重築所以敬參也奏古訓者為統部俾嗣諸儕……

叙曰室先廟禋重築所以敬參也奏古訓者為統部俾嗣諸儕世述祠儀

宗祠之立為以薦起者也故祀我先祖考萬十一龕者所以報本始年合宗人也奉高祖配食惟立昭不設主者嗣禮之宜也其崇其隐穆功故佑後人也配食惟立昭三日辰徐祀其立春行之維三時則供或服穆事其家卿以前迎房韵敬子肖孫十敦以上至大禮也先期三日辰除祀司禮雅度光右三時原獻及祠望祭祠後歲散遠不能悉集則以班

……

（本幅底部）

《王氏族约》乡著本　温州图书馆藏

赐谷公　玉　训言附录

我止生尔一人巨万家赀将来悉以付汝若不努力做个好人他
日何以承受尔平日气性偏辟誉动乖谬我亦难以尽言今
上天降灾示儆正是省悟之机若能痛自惩改则此灾未必非福
便夜夜反覆閒谕犹恐尔不能记忆今复书此数条尔当铭心刻骨
朝夕诵之可也
一戒受用
凡人止有此福受用太过必至灾生此戒屡屡言之而尔不以
为然今后当痛自悔悟一切俱从简朴如宫室取足安身不必过
於华美衣服取足适体不必过求

当增益具
施粥纪事
嘉靖乙巳浙诸郡大饥吾邑田畴薄收视他郡较犹
储蓄犹足以给一方春富室见岁饥闭
先君病之乃减价出粜时鬷源洪公
温州微故诸郡皆中荒而温独不
室或连名具状乞批去某家有富室倒廪奉命不敢少靳否则返
新于府祸且立至有三数军稍许者府枷号于市故富室
毂为豌日夜私串外境人转糴而外境人間温毂之易佶也咸
馬不半月間而吾郡之毂雞然矣时先君僅遺毂数敷囷親族单

《王氏族约》民国抄本　温州图书馆藏

《王氏族约》敬乡楼本　温州图书馆藏

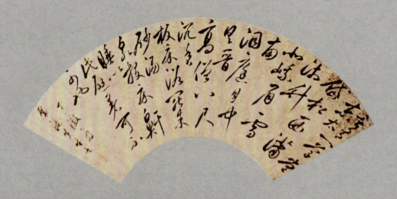

王澈行草书迹 录自《永昌堡志》

英桥永昌堡王氏族居图 选自《英桥王氏族谱》 王叔杲著
明万历原刊本 现藏温州博物馆

春祭祝文

今以立春生物之始，追時報本，禮不敢忘，謹以清酌庶羞粢盛醴齊……茲當歲事尚亨

春祭儀之即

通序立　出立曰醑右各位　參神　鞠躬拜·興·再·平身·降神

引陪客捧干　詣盥洗所　盥洗　詣香案前　跪　上香　酌酒·酹酒

俯伏　興·拜·興·平身·降神

引詣五世祖考妣神位前　跪　通　奠酒　俯伏　興·拜·興　後位　引至各位　通　進饌　行初獻礼

讀祝祝住　詣香案前　跪　通　當跪　讀祝·俯伏·興·拜·興·平身

引詣六世祖考妣神位前　跪　酌奠酒　拜公前　詣九世祖考妣神位前　跪　詣六世祖

辞身

引詣五世祖考妣神位前　儀合獻　通進饌　行終獻礼

詣五世祖考妣神位前　儀合獻　通俻食

引詣五世祖考妣神位前　詣九世祖考妣神位前

啟門　引後位　通獻茶　辞神　鞠躬拜二·興二·平身·焚祝文

納主　礼畢

單獻禮儀

序立·初詣鼓·再詣鼓·三詣鼓
鳴炮·奏大樂·轉奏細樂·參神
鞠躬拜·興·拜·興·拜·興
平身·行獻礼·主祭者詣盥洗所
盥洗·詣香案前·跪·上香
酌酒·祭酒·酹酒·初奠酒
拜·興·拜·興·俯伏·興
再奠酒·三奠酒·平身·進饌
跪·習跪·讀祝·俯伏·興
拜·興·拜·興·獻茶·鳴炮奏
樂·辞神·鞠躬拜·興·拜·興
平身·焚祝·化錢·禮畢！

英橋王氏宗祠春祭儀節（公历二月十三日）

旧抄本《英桥王氏祭祀仪式文书》王靖来 提供

王氏宗祠正前门台 王会进／王剑峰 拍摄

英桥王氏"春祭大典" 录自《永昌堡志》

永昌堡简介

　　永昌堡，位于浙江省温州市龙湾区永中街道新城村，东临东海，西倚大罗山麓，建于明嘉靖三十七年（1558），是兼具军事城防和生活色彩的全国现存唯一的明代私家抗倭古堡，既为军事遗存，又富水乡风情，被列为国家级重点文物保护单位、省爱国主义教育基地、省国防教育基地和省科普教育基地。

　　明代初期，永嘉盐场因地处海防前沿，屡有倭匪侵袭，英桥王氏抗倭首领王沛、王德叔侄牺牲。王沛之侄王叔果、王叔杲意识到"固营垒以待敌"的重要性，会同族中父老费时11个月、捐7000余金修建永昌堡，用于抵抗倭寇入侵，成为沿海重要的抗倭重地。永昌堡建成后堡内人民曾连续8次胜利地抗击了倭寇的侵略，永昌堡由此闻名于世。

　　城堡雄伟壮观，南北长778米，东西宽445米，城高8米，基宽3.9米，周长2688米。城堡设有城堞900余个，敌台（炮台）12座，铺舍20个，具有极强的防御功能。城堡整体布局合理，设有城门四座（环海楼、迎川楼、镇山楼、通市楼）、水门四座。城外四周有护城河环绕，城内有两条南北走向的河流，并有10处河浃，河上筑有形式各异的多座桥梁。河两岸以方块花岗石斜筑，以利水陆交通、灌溉、浣洗。堡内原有水田100多亩，危急时可生产自救，不怕久困，以促进军民两安。

堡内明清建筑保存较多，是明清建筑的博物馆，其中王氏宗祠始建于明嘉靖二十一年（1542），比永昌堡建城还早16年，由英桥王氏八世祖王澈兴建，为宗族祭祀祖先和先贤的场所。王氏宗祠占地13亩余，七间三进，前进有三间石碑楼一座，中进仪门五楹，后进三楹，旁分左右二厅，廊庑七楹，环列左右。王氏宗祠结构古重，镌刻精微，保存完整，内部结构精妙绝伦，其飞檐、斗拱、吻兽、梁架、荷花抱梁等，都具有高度的艺术性，系浙南地区之最，是永昌堡规模最大、保存最完整的一个宗祠，有"江南故宫"美誉。

　　2003年5月，浙江省委主要领导曾来永昌堡视察，并一再叮嘱我们："要好好保护修建好这座古城堡，认真挖掘、研究和弘扬好这里丰富的文化资源。"

　　"家风正、乡风醇、民风清"，"守得住、攻不破、留得下"，这就是永昌堡作为军事之堡、文化之堡、景观之堡，更作为意志之堡、精神之堡的高度概括。

（王身康 谨撰）

序 一

王身康

永嘉场英桥王氏八世祖东厓公（讳王澈，1473—1551），为学博识通达，为官清正廉洁，为人敦厚崇礼，为事行善至上，是明代永嘉场乡贤楷模之一。

2023 年是东厓公诞辰 550 周年，为了纪念这位重视乡村治理、实践和合共生的先贤，龙湾区永昌堡文化研究会决定辑注并发行王澈公制定的英桥《王氏族约》。这是一件值得庆贺的善举，为此，我从以下五个方面谈点感识，不当之处，敬请读者与方家指正。

一、重温历史，发扬贤德

东厓公于明嘉靖二十二年（1543）制定颁布《王氏族约》，至今 400 多年来，《王氏族约》为乡村地方基层治理，促进民风纯朴、宗族敦化、社会和谐起到了重要的历史性作用。《王氏族约》共十章计 12500 余字，囊括祠仪、馂仪、冠婚、丧祭、内治、嘉言、善行等十个方面。族约要点体现在敦亲睦族、勤俭持家、修身为善、居官清廉、孝亲敬长等五个主题，以古代圣贤格言、事例等作为训诫方式，动之以情、晓之以理来说明做人、治家、修身、居官和行事的道理，传递修身正心、保乡爱国等浩然正气，深入浅出，简易好懂。由于《王氏族约》的指导与引领，使英桥王氏成为明以后温州的著名望族，为推动永嘉场成为明中后期浙南文化中心起了重要的潜在性社会效应。2016 年，中纪委网站头条推出《浙江温州龙湾英桥王氏：兴古堡守卫家国　立族约丕振门风》一文，将英桥《王氏族约》的作用和意义影响扩展至全国，成为乡村振兴的传统文化引导典范，很有历史和现实教育意义。

二、家国情怀，崇尚道义

家国情怀永远是中国文化的主题之一。《王氏族约》十分重视家国情怀教育意义。明确指出"凡子孙居官，多要廉勤正直、尽忠体国、恪守官箴，其治行卓越、惠泽及民，及有功德为宗族乡邻所庇赖者，殁后于谱传之；如贪酷被黜者，于谱上削其爵。"意思是凡子孙担任官职的，务必要廉洁勤政正直，竭尽忠贞治理国家，恭敬地遵守为官的职责准则，政绩卓越，恩德惠及老百姓，以及功业和善行为宗族乡亲带来好处的人，那么死后在宗谱上立传纪念；如果为官贪婪残酷被罢免贬斥的，那么在宗谱上不记载官职。受到《族约》的教育与熏陶影响，永昌堡王氏先人英勇献身抗倭，捐资建筑抗倭城堡等，都是明代先贤的家国情怀的典范表现。《族约》还坚持"敦行好礼"的教育，将平日生活礼仪与道德行为结合起来，明晓为人处事的崇尚道义的意义。并指出"凡生员乃族中之秀，当敦行好礼、崇尚气志，向以为族众表帅。若唯利是营，不顾名义出入公门，干扰邻邑，可鄙甚矣，何以为士耶！"意思是大凡生员都是宗族内的优秀人才，应当注重个人品行和遵循道德规范，尊崇气节和操守，族人历来把生员作为学习的表率。如果唯利是图，不顾名声道义出入衙门、干扰乡邻，那就很可鄙了，还有什么资格作为士人呢？做官的人在家闲居，更应该以道义自重，拒绝私事到官府请托，共同维护宗族的良好风气。

三、推崇公益，善行天下

热心公益，慈善救济，是为人之美德。《王氏族约》云："凡周恤族之贫难，及于宗祠有义举，在有余之家，即宜务行之……故家有余财，而不能树恩于族，谋盛举以垂不朽，是诚不智之甚也。"意思是指，凡是要接济族中贫难者，及至宗祠发起赈济义举的，富裕的家庭就应该用行动来响应……家有余财的不能施恩泽于宗族，不想谋划善举而留芳于后世，实在是很不明智的。在《族约》敦善践行下，王氏后代先贤将其社会公益精神，践行于行善济困、修桥补路、兴教办学、建设公共文化设施等务实义举，造福桑梓。据史料载，明代温州为乡里公共事务做贡献的以王叔果、王叔杲兄弟为最。王氏兄弟俩辞官后居家 20 多年，为地方公益事业做了大量善事。如筹建永昌堡、捐资重修仙岩寺、永嘉县学、温州府学，重修东瓯王庙、江心东西塔、白鹿书院，助资重建瑞安儒学等。在东厓公的示范下，"善行天下"成为英桥王氏家族的人文精神基因，至今仍影响深远。英桥王氏第廿二世裔孙"兰小草"（实名王珏。祖父一代移居洞头）以德行医、隐名行善就是很好的例子。

四、崇文施教，存史资政

英桥王氏历来注重崇文施教、以文兴族、以教育人。三世祖乐善公（讳王珍），四世祖樵云公（讳王毓），于元末就开办义塾，是浙南地区办学最早的家族之一。《王氏族约》制订后，英桥王氏设义田奖学，为贫困学士提供物质保障，将耕读文化的科举实践推向新高度。明中期以后，英桥王氏科甲连绵，数百年而不衰。明弘治至清道光 300 余年间，出进士 13 人、武状元 1 人、传胪 1 人，另有举人 30 人，庠生近 1000 人，出现了一门三进士、四大夫、一英雄之传奇。由于崇文施教，知书达理，永昌堡涌现出抗倭英雄仁山公（讳王沛）、东华公（讳王德）、国学宗师鹤山公（讳王澈）、铁御史竹岩公（讳王诤）、东瓯双璧西华公（讳王叔果）、旸谷公（讳王叔杲）、三元及第翼宇公（讳王名世）、清廉标杆省庵公（讳王继明）等一代代名流，使永昌堡成为声誉浙江的东瓯文化之乡。缘于乡贤文化为地域文化之慧根，存史资政、明史育人成为永昌堡先贤的重要人文思想标志。在永昌堡0.34平方公里弹丸之地，留下丰富的历史文化遗产。据今可查的先贤著作有70余部，其中《半山藏稿》《玉介园存稿》《鹤山文集》《万历温州府志》《永嘉县志》《王氏家录》《江心志》等尤为重要的著作，不少被列入国家珍贵古籍文献名录。

五、治理基层，和合社会

在古代社会吃公饭的人（即现代的公务员）不多，考中进士（三年一次）后才可得七品官，主要在县以上任职。基层治理也只是到了县一级，而乡村治理主要依靠乡绅（乡贤）调度，而乡绅主要是凭自身行为品德与社会威望，结合地方民约来管理协调社会和谐稳定。《王氏族约》对族人如何做人、治家、居官、行事等做了明确详尽的严格规定，推动与完善乡村宗族社会组织化、制度化，起到敦亲睦族、互助相爱、积德行善的规约制度作用。这样为乡村基层综合治理、大众遵守、和合社会，提供了规章制度的重要保障，引起当时的永嘉县和温州府高度重视，并将《王氏族约》作为敦正民风、协调社会而鼎力举荐，予以宣传推广。这样英桥《王氏族约》成为地方官府批准的乡规民约。温州府在公告中指出："王氏族约条款颇详，风华攸系，匪唯缙绅家之楷范，实为有司者所乐闻也。"并将此民约作为官方的宗法范本向全郡推广，后经浙江提学副使薛应旂又向浙江全省推广，从中可见《王氏族约》在明代历史上影响深远，意义之大。诚然，《王氏族约》里面还蕴含着行为与道德、学问与品格、为官与民生、家国与政治、伦理与礼仪、家风与社会诸多实践和"和合理念"的文化元素。这些都是值得我们深入挖掘与深化领悟的优秀传统人文思想。

2003年5月6日，习近平同志视察永昌堡时叮嘱我们要"认真挖掘、研究和弘扬好这里丰富的文化资源"。为了具体落实行动，龙湾区永昌堡文化研究会决定由我为编纂委员会主任，由王靖岳、王剑峰两位先生具体牵头为英桥《王氏族约》辑注并印行。如何将优秀的传统文化转化为新时代的精神力量，这是一件很有现实意义的好事，是贯彻习近平文化思想的具体行动，也是践行"乡村振兴战略"和"共同富裕行动"的具体要求。我作为英桥王氏后裔，欣然为此鼓掌叫好。谨为序。

序 二

王一平

日前，永昌堡文化研究会决定编印《王氏族约》辑注本，嘱我作序，尽管我内心委实为难，何以为难呢？作序不易之故也，序言虽可长可短，但对作者和作品须有相当地了解和把握，才能胜任此事，而我恰恰不具备这样条件。对英桥王氏宗族和《王氏族约》没有深入研究和解读，很是惭愧。但身为英桥王氏后裔，我没有理由推辞，况且能为古堡文化研究做点事，不仅是一个很好的学习机会，更是一种文化传承，何乐而不为呢？

英桥王氏自闽来徙，以万十一公为始迁祖，世居英桥里已历700余年，开拓一地，繁衍一方，成为有5万多人的大族。在悠悠的历史长河中，先辈们留下了无数宝贵的历史文化遗产，为千年永嘉场增添了无穷的魅力和光彩。王氏精神就是一个地标的象征，爱国的情怀，宗族的范本，科举的范例。

宗训、家训是我国优秀传统的国学范畴，传统文化中极具特色的部分。良好的家风家训有利于建立和谐氛围和文明风尚，有利于社会稳定，对于探讨传承宗族文化，具有现实的指导和教育意义。

《王氏族约》是在明嘉靖二十二年（1543）由东厓公（讳王澈）制定。王澈（1473-1551），字子明，号东厓，正德八年举人，授礼部司务，历迁兵部武库司郎中。东厓公归省后致力于宗族事务，建立宗祠，重修族谱，撰写族约，施粥赈饥，力筑沙城，其功德感人至深。其家族是东瓯名门官宦文化望族。父王钲，号溪桥，娶明内阁首辅三都张璁胞姐为妻，德高望重，曾上疏朝廷，免折色银两，修沙城，配享在永兴堡东瓯王庙内。其胞弟鹤山公（讳王激），国子监祭酒，国学宗师，著有《文江集》。胞弟仁山公（讳王沛），抗倭英雄，赠太仆寺丞。其子西华公（讳王叔果），进士，兵部职方司郎中、湖广布政使，著有《半山藏稿》；旸谷公（讳王叔杲），进士，福建布政使右参议，著有《玉介园存稿》。其孙玉洞公（讳王光蕴），方志学家，累官福建布政使司左参议，赠朝议大夫，编修《万历温州府志》等。

《王氏族约》共十章计 12500 余字，囊括祠仪、馂仪、冠婚、丧祭、内治、嘉言、善行等十个方面。其族约要点，一是要敦亲睦族；二是勤俭持家；三是修身为善；四是居官清廉正直等。训诫方式以古代圣贤格言、事例来说明做人、治家、修身、居官和行事的道理，传递修身正心、保乡爱国等浩然正气，深入浅出，很有说服力。《族约》除有严厉的约束处罚机制外，还重视精神褒奖，如对行善义之举者，记录在册，有行不义者，则据实情记录警示。《王氏族约》是乡约化产物，使宗族组织化、制度化，起到敦亲睦族积德行善的作用。因为《王氏族约》功效卓然，永嘉县和温州府为敦正民风而对其鼎力举荐，把这个家训作为宗族管理典范，进行大量宣传推广。明嘉靖二十四年（1545），时任温州知府婺源洪垣为作《王氏族约〈序〉》，认为该族约有"重士以为民俗倡"的效应，影响深远："今少参东厓王公推予民范之意，广宗约，首诸乡邦，以祀事联族党，以族党修礼义，以礼义闲内治，以内治施有政，以有政措官刑，而棐国宪率皆乎体要，以循吾衷，洽诸人人而不可倦，岂非重士以为民俗倡也。"《王氏族约》最终呈报地方官府批准，成为乡约。温州府为不振族约，敦正民风，在公告中指出："王氏族约条款颇详，风华攸系，匪唯缙绅家之楷范，实为有司者所乐闻也。"将此民约作为官方的宗法范本，向全郡推广。明武进薛应旂在浙江提学副使任上，曾将英桥王氏与博陵崔氏、江州陈氏、浦江郑氏并称为古之世家宗法相承者仅见的四宗族，足见英桥王氏声名之盛，及《王氏族约》影响之大。

《王氏族约》的主要内容极其丰富简洁，深合民意："廉勤正直：凡子孙居官，务要廉勤正直、尽忠体国、恪守官箴，其治行卓越，惠泽及民，及有功德为宗族乡邻所庇赖者，殁后于谱传之；如贪酷被黜者，于谱上削其爵。凡保家之道惟俭与勤，若习惰好闲，用度无节，甚非久长之理由，为庶人、为士、为大夫卿佐道则不同，本诸勤俭一也。"意思是凡子孙担任官职的，务必要廉洁勤政正直，竭尽忠贞治理国家，恭敬地遵守为官的职责准则，政绩卓越，恩德惠及老百姓，以及功业和善行为宗族乡亲带来好处的人，那么死后在宗谱上立传纪念；如果为官贪婪残酷被罢免贬斥，那么在宗谱上不记载官职。大凡保住家业的方法只有节俭和勤劳，如果游手好闲，生活奢靡，绝非长久之计。无论是平民百姓，还是读书人，抑或是官吏，虽然思想方法各不相同，但勤俭持家这一根本却是相同的。

"敦行好礼。《族约》中说：凡生员乃族中之秀，当敦行好礼，崇尚气志，向以为族众表帅。若唯利是营，不顾名义出入公门，干扰邻邑，可鄙甚矣，何以为士耶！"意思是大凡生员都是宗族内的优秀人才，应当注重个人品行和遵循道德规范，尊崇气节和操守，族人历来把生员作为学习的表率。如果唯利是图，不顾名声道义出入衙门，干扰乡邻，那就很可鄙了，还有什么资格作为士人呢！做官的人在家闲居，更应该以道义自重，拒绝私事到官府请托，共同维护宗族的良好风气。

"孝亲敬长。《族约》指出：事亲必孝，事长必敬，兄友弟恭，夫义妇正。毋作非法，而犯官刑；毋恃富强，以凌贫弱；毋好争讼，而扰门庭。"意思是对待父母一定要孝顺，对待老人一定要尊敬，兄弟之间要友爱谦让，为夫的行事要合乎正义，为妻的要守妇道。不要干违法的事，招致官府的惩罚；不要依仗富有强势，去欺凌贫穷弱小的人；不要争强斗胜好打官司，以致扰乱宗族家庭的安宁；不要赌博，以致败坏产业；不要淫乱，以致毁坏家族声望；不要酗酒，以致乱了本性；不要游手好闲惯于懒惰，而忘掉谋生之业。抄录这条训诫，实在关系到我们宗族的兴衰。再三嘱托，希望大家深刻反省。

"推崇义举。《族约》云：凡周恤族之贫难，及于宗祠有义举，在有余之家，即宜务行之。今累困廪连阡陌以遗子孙，至言祖宗公事，则缩颈方丈。宴亲宾，绮罗填箸，于族人之饥寒罔恤，皆由大义不明，未尝念及一本之意。夫创业累锱铢，而后人用之如粪土；富贵有时替，而人死贵留名。故家有余财，而不能树恩于族，谋盛举以垂不朽，是诚不智之甚也。"意思是，凡是要接济族中贫难者，及至宗祠发起赈济义举的，富裕的家庭就应该用行动来响应。但现在有的人家粮仓多多、田地连片，用来留予子孙，至于提及为祖宗办公共事务，就变成了缩头和尚。宴请亲朋好友，绫罗绸缎排场阔绰，对族内还在忍饥挨饿的人却不救助。这都是由于大义不明，不顾念本是同根的缘故。先人创业时把财富一点点积累起来，而后代却不加节制地使用，视其如同粪土。如此则富贵是不会长久的，可贵的是人死后给后代留下好名声。因此，家有余财的富户却不能施恩泽于宗族，不想谋划善举而留芳于后世，实在是很不明智啊！

"谨守国法。《族约》明示：凡包揽侵欺，国法具在，小则辱身丧家，大则祸害宗族，切宜深戒。"意思是，凡是非法占有、侵吞欺骗国家钱粮，都难以逃脱国法的惩罚，轻者自身受到侮辱无家可归，重者就会祸害宗族，要引以为戒，切记其深义，并终身践行。

在这些刚性的族约条规中，不难看出其对子孙扬善惩恶，激励族人堂堂正正做人的劝诫和训导作用，对于当今时代也仍有很强的警示意义。传承《王氏族约》，必须正直为人，必须勿忘"三修"，即修身、修德、修业。修身才能立本，修德方能善人，修业方得正果。要坚持"三乐"：助人为乐，手有余香；知足常乐，心态平和；自得其乐，益寿延年。

英桥王氏族内人文鼎盛，自明朝以来，科甲连绵，数百年而不衰，明弘治至道光300余年间，有进士13人，武状元1人，传胪1人，出现了一门二代三进士、四大夫一英雄的传奇。这里有抗倭英雄仁山公、东华公，国学宗师鹤山公，明代"铁御史"竹岩公，东瓯双璧西华公、旸谷公，三元及第翼宇公，清廉自律省庵公等。在永昌堡0.34平方公里弹丸之地，留下丰富的文化遗产。可查著作有70余部，其中《半山藏稿》《玉介园存稿》《鹤山文集》《万历温州府志》《永嘉县志》《王氏家录》《江心志》等尤为著名，不少文献列入国家珍贵古籍名录。

英桥《王氏族约》不断实践，让"穿草鞋"和"着官服"一样谨言慎行，遵规守法，王氏历代先贤将其精神践行为行善济困、修桥补路，兴教办学等务实义举，造福桑梓。

对英桥王氏家族而言，东厓公与西华公（讳王叔果）、旸谷公（讳王叔杲）父子积极推动乡约化实践，对宗族文化贡献最大，堪称一代之楷式，至今为人瞩目。据有关史料显示：古代温州为乡里公共事务做贡献的以西华公、旸谷公兄弟为最，兄弟俩辞官后居家各20余年，为地方公益事业做了许多事。筹建永昌堡，捐资重修仙岩寺、永嘉县学、温州府学，捐资重修东瓯王庙，重筑王谢祠，重修江心屿东塔西塔、白鹿书院，助资重建瑞安儒学等。王公利济乡邦，积德行善，影响广泛深远，至今为人称颂。

英桥王氏素来注重诗书传家，耕读育人。英桥王氏在三世祖乐善公时就设义塾，办私塾、立书院蔚然成风，一百年前即开办崇实学校，教授族中子弟诗书和礼仪。长者率先垂范，言传身教，对后代产生了深远的影响。永昌堡有许多鼓励学子勤奋上进的措施，宗族祠堂设养贤田，置有养贤田100亩用于教育，从而培养了众多人才，对国家社会做贡献多有建树，文脉绵延。

英桥王氏文化功力之雄厚，形成一个醒目的群体，不能不引起人们深思，在温州宗族历史上也是罕见的。它具有一脉相承的精神追求、人文特质和文化脉络，且均可从《王氏族约》中找到答案，理清头绪，从《王氏族约》解读宗族文化的"基因"，探明科学的真谛。

2016年，中纪委网站头条推出《浙江温州龙湾英桥王氏：兴古堡守卫家国　立族约丕振门风》文章，以英桥王氏为专题，讲述了英桥王氏家族数百年来在温州繁衍生息，一部12000余字的《王氏族约》成为他们立身处世的准则，耕读传家的良好家风代代相承、至今人才辈出的故事，更是将之影响扩展至全国范围。

为什么一个私家城堡屡退倭匪，成为巍然屹立的东瓯长城？为什么堡内王氏一族奕世簪缨，却能始终保持为官清廉？为什么一部《族约》几百年传承，成为古代官方推崇的家规民约？答案很明确，就是王氏族人不仅用智慧和勇气保护了古堡，更是英桥王氏一族具有醇厚的家风和绵长文脉所致。

永嘉场宗族文化研究将成为一个永恒的话题，而英桥王氏无疑是最重要的研究对象，东厓公与西华公、旸谷公父子数十代人积累的宗族文化建设成果，着实亟待后人去总结、去弘扬。丰富的宗族文化形式，深邃的宗族文化内涵，值得我们深入研究，使英桥王氏文化的研究不能仅停留在历史原貌的层次上，更要融入当代地方文化建设中去，弘扬主旋律，践行价值观。最后以我新撰的英桥王氏家风家训对联来结束本文：

做人正直，诗书养德，族约千秋传祖训；

行事谦和，道义铭心，贤言九鼎绍家风。

目 录

前　言

永昌堡文化研究会决定：纪念东厓公（讳王澈，1473—1551）诞辰550周年，对《王氏族约》进行重新整理、断句、诠释，由王剑峰与我牵头具体工作。《族约》一系于族姓繁衍，嘉靖二十二年（1543）大宗祠建成，实施家训族约；一系于时任温郡知府觉山公（洪垣）教化之用。

《王氏族约》倡导家国文化情怀，践履忠孝礼义廉耻德行，纯正家风代代相传，促使家族成员进则体国、退则耕读惠民。《王氏族约》共十章，计12000余字，为英桥王氏八世祖东厓公所著，家训族约囊括祠仪、馂仪、简任、籍考、汇训、冠昏、丧祭、内治、嘉言、善行十章，紧密联系"修身、齐家、治国、平天下"主旨，将诸多行为规范与精神涵养融合于遵循社会公共秩序的目标中。今《王氏族约》辑注本增设有《家礼要节》选，申举《族约》呈，府、县告示，《王氏族约》序和《重刻王氏族约》序，永嘉场王氏宗祠记，请记宗祠状，户役事宜，义田事宜，义塾纪略，施粥纪事，以及附纪。分置内篇、外篇和辅篇，内容更加丰富完备，参考价值更大，可以很好地促进明代永嘉学派的广度和深度及民间认知，提升传统文化的自信心。

王澈（1473—1551），字子明，号东厓，英桥王氏八世（四派）。正德八年（1513）举人，授礼部司务，历迁兵部武库司郎中。当时母舅张璁秉钧，乃退。然敛抑阴扶善，类缙绅，至今称之。以亲老归省，擢福建布政使司左参议，遂告休致。性宽和庄重，与人诚意恳至，望之知为长者。

创宗祠、行乡约，凡乡邻有急难及地方利病所宜兴革者，辄以身肩之。嘉靖二十四年（1545），大饥荒，粮食减价出售，且施粥两个月，每天来吃粥的饥民都有千余人，时人赞其"进则泽被天下，退则仁施一乡"。墓原在永嘉十九都宋岙，后迁茅竹岭西侧山腰。今圹志石藏温州博物馆，盖石及石马、石羊、石虎等藏永昌堡世大夫祠。著有《王氏族约》。嘉靖《永嘉县志》等有传。

英桥王氏家族始祖万十一翁只身一人，于元大德迁温华盖乡英桥里，补籍为灶籍，获旗号（营业执照）传后三户；樵云公宅名为"王福庆"；楼下宅名为"王崇维"；隔浃宅名为"王九因"。英桥王氏家族经过一至四代的积累，在经济和文化教育上都为后来的子孙上进创造了条件。第五、六、七世，王氏宗族发达之迹越来越明显。到嘉靖二十一年（1542），东厓公建宗祠止，英桥王氏家族第八世、第九世相继登第。正德八年（1513），东厓公乡举；嘉靖二年（1523），鹤山公（讳王激）登第；嘉靖十七年（1538），东华公（讳王德）登第；嘉靖十九年（1540），西华公（讳王叔果）乡举；嘉靖十三年（1534），竹岩公（讳王诤）贡举。英桥王氏家族一时兴盛，冠于东瓯。同时期英桥王氏军灶籍、民籍形成。

《左传》有云："夫礼，天之经也，地之义也，民之行也。"明嘉靖十五年（1536），朝廷准礼部夏言建议，允许有条件的士族建立宗祠，用民规族约来管理地方事务，减轻官府行政负担。其时英桥王氏族姓繁衍，望族名声鹊起。东厓公"盖以义起"，倡导出资建立宗祠，欲行宗法。西华公（讳王叔果）撰《先参议厓公行状》云："乃酌先儒仪，于始祖万十一公墓右建宗祠……费约千金，皆捐私帑，不以一钱敛之族人。"嘉靖二十二年（1543），王氏宗祠建成，由此《王氏族约》逢时而立。

东厓公《王氏族约》云："宗祠之立，盖以义起者也，故祀我先祖考万十一翁者，所以报本始，萃合宗人也；奉高祖考樵云翁，及始封溪桥翁配食者，所以崇德报功，启佑后人也。配食惟立牌，不设主者，酌礼之宜也。"祠堂建成后，还需有一定的祠田。《礼》曰："惟士无田，则不祭。"故设田为祭，礼之需也。西华公《先参议厓公行状》云："岁时祠祭割田为常需，惟丰惟格。"族约规定："凡子孙揆置祭田，其字号、岁亩勒石于祠，俾令世守；有质鬻者以不孝论。凡祭田子孙轮年，征租、办祭其品物，悉遵《文公家礼》，务在充备精洁；有不蠲者，司祀纪过、议罚。"以《家训族约》为章程，祠堂不仅是祭祀祖先的场所，也是处理族内重大事务的地方，成了宗族贯彻执行《族约》与自治的办公场所。

《岐海琐谈》卷九"倭寇犯温"一条记载："嘉靖三十一年（1552），倭至黄龙斗门，纵火掳掠，杀死处州官兵四十五人。四月至瑞安白岩桥，男女乘船避之不及，杀死者填河……"为保家卫国，仁山公（讳王沛）、东华公（讳王德）准备组织抗倭王氏义师，以《族约》为章程"白于道府"。官府以"告示"批准，组织成一支千余人的王氏义师。仁山、东华二公共同自费操练王氏义师，高举起抗倭大旗，八败倭寇，成了浙南的一方屏障。

嘉靖三十七年（1558）四月，仁山、东华二公相继殉国，他们的义举与牺牲，感动了民众与朝廷。时任兵部车驾主事的西华公"必筑程聚守，乃可言安"，要求自费筑堡抗倭，朝廷准奏，经十一个月，永昌堡成。为民官合作，要求"巡检司"迁永昌堡，官府同意。其间旸谷公（讳王叔杲）放弃进京会试，坚守与领导抗倭事业，推行实践《族约》。

《族约》的制订，宗祠祭祀的建立，乃由代代宣传，传承着先祖们的德业善行，英桥王氏自始祖万十一公（讳王惠）起代代相传的"厚德"，正所谓"德行，本也"。三世祖乐善公（讳王珍），尝曰："吾于世无所好，独有善耳。"修方汉陡门。乡人咸称乐善居士"以长厚望于乡"。永乐二十二年，里中火，四世祖樵云公（讳王毓）发赈"赖活者数十家"，"有隐德"，以"敦行谊望于乡邦"。五世平五府君（讳王珙），好武功，敦信仁义，能急人之难，孝友笃至，其德厚有容，与人无竞，孚于乡族。六世时斋府君（讳王封），儒雅好修，以孝友于乡评，七世溪桥公（讳王钲），卓能自立，家以日振，孝友天至。终身未尝失颜色，不喜怒人亦不嗔答。老而弥坚，曾上疏为灶民请命，福一至五都灶民无数。八世东厓公，立宗睦族。开仓施粥，存活无数，民累累望庐拜祝而去。

王氏先贤始终坚持传承着精英文化：明代国学宗师鹤山公（讳王激）；爱国爱乡抗倭英雄东华公；明代铁御史竹岩公（讳王诤）；东瓯双璧西华公、旸谷公；廉政亲民存吾公（讳王良心）；清廉自律省庵公（讳王继明）；武三元翼宇公（讳王名世）；玉殿传胪黄石公（讳王光经）；父子进士龙友公（讳王维夔）、友教公（讳王锡琯）；子山公（讳王玉）、甲山公（讳王壬）共十三位进士。明抗倭民族英雄"益府良医"仁山公；明代史学家玉洞公（讳王光蕴）；大诗人、荡寇将领积石公（讳王至彪）。一个个名字闪耀着光芒。抗倭、拒寇、创造、传播着大传统文化，代表的是英桥王氏文化人所蕴含的精英文化。就是说，英桥王氏从明中期始，大传统文化引导英桥王氏文化的方向，原有的小传统文化提供着真实文化的素材，互动互补组成英桥王氏文化的新时代。成为明代温州学（永嘉学派）之主力军。

英桥王氏一年一度的春祭大典明文规定，最后议程为宣读《族约》。留下代代传诵并严格遵循《王氏族约》家风。春祭大典是一场空前团结的盛会，加强了英桥王氏的血脉情谊，交流了生活、工作、学习的经验，追思了先祖们坚持此心光明、自强不息、厚德载物、忠义仁勇、积极进取的人本文化。进则泽被天下，退则福及一方，体现着爱国爱乡情怀，抗倭英雄之气，不屈外侮之志，反倭寇侵略，自我牺牲的民族精神。败海盗、退山贼、卫家乡。潜移默化地熏陶着子孙们的内心世界，激发着英桥王氏文武文化传承的动力，坚持良好家风而代代传承。

明中后期，英桥王氏望族兴盛不衰，并不是靠永昌堡、王氏义师的武实力，而主要靠《族约》形成的"家礼"的教化和精英文化的倡导，"有德"之族在家族精英的带领下，举起道德大旗，与国家建立联系，从官府手中接过民间社会的管理大权。在家族的成长中，培养出大批谙熟儒家礼仪的士绅，而士绅的兴起又进一步使地方社会"宗族化"，重构社会秩序，把一个原来由"里甲""耆老"管理的社会，逐渐演变为宗族社会自我管理的典范。英桥王氏人文兴盛冠于温州。后来旸谷公著《家礼要节》也肇基于此。

习近平总书记指出"家风是社会风气的重要组成部分，要把家风建设摆在重要位置"。中央纪委监察部网站曾以《浙江温州龙湾英桥王氏：兴古堡守卫家国 立族约不振门风》为题，将英桥王氏家族作为优良家风传承典型进行了推介。可以说，家风建设是建设社会主义和谐社会的重要环节，无论是对于弘扬社会主义核心价值观、优化社会风气，还是推进社会主义精神文明建设，都是有重要意义的。研究《王氏族约》的深刻意蕴和当代价值，"着力赓续中华文脉、推动中华优秀传统文化创造性转化和创新性发展。"进行有效传承很有必要，亦正当时，因而永昌堡文化研究会决定，对东厓公编著之《王氏族约》进行辑注，重新整理并予印行，期待引起进一步关注和重视。

凡　例

一、《王氏族约辑注》辑录整理以永昌堡文化研究会刊印《王氏续录》卷五本为底本，参照温州市图书馆藏乡著本、敬乡楼本和另一民国抄本；并参以引录各原著集、选本字词句段进行校正、点注。同时，辑选国家图书馆藏《家礼要节》等相关文本，成其全书整体，故名辑注。

二、全书增设内篇、外篇、辅篇。《族约》第一至第十各篇章，总括为内篇；"申举呈""告示""序""记""请状"与"事宜""纪略"等，总括为外篇。相关墓志铭、纪传、训言、年谱、《家礼要节》选等，总括为辅篇。收入两篇纪念文章，作为附录。前置目录以便通览。

三、《族约》之内、外和辅篇均作有总解读。内篇十章各作分解读；外篇和辅篇，仅作注释指明。不另作编排参考文献。

四、注释以能通读为准，凡遇通读不畅，因之个别衍文，或讹脱字词，或古体异字，径予更正，并做好说明。

五、力求简洁明了，不作面面俱到，重点以引文出处、典故语词和历史人物，与易于混淆或误读、错读处，视为紧要；个别新旧含义不明者，亦尽量诠释。

六、原本为竖排、繁体字格式，现均以横排、简体字为准排列。标点符号遵照最新版《标点符号用法》（GB/T15834—2011）执行。

凡保家之道惟俭与勤若营情好
闲用度无节甚非久长之理由为
庶人为士为大夫卿佐道则不同
本诸勤俭一也

英桥王氏八世祖东厓公王氏族约汇训
岁次癸卯立秋后三天王氏后裔王昕敬书

王昕　书

内 篇

温州一地自古文风鼎盛，文化底蕴深厚，尤其在明代涌现出一批家风醇厚的名门望族，有着丰富的优良家风资源。其中，温州龙湾英桥王氏家族即典型之代表，影响颇深。王氏家族把族人推崇的价值观念、行为准则形成文字，留下了代代传承并严格遵循践行的《王氏族约》。王澈著《王氏族约》言简意赅，影响深远。自《王氏族约》制定以后，英桥王氏一族英才辈出，有状元、传胪、进士计13人，举人、副榜计31人，庠生近千人，所作著作70余部，成为温州地区著名家族。中央纪委监察部网站曾以《浙江温州龙湾英桥王氏：兴古堡守卫家国 立族约丕振门风》为题，将英桥王氏家族作为优良家风传承典型推介报道。

《王氏族约》计十章，分为祠仪、馂仪、简任、籍考、汇训、冠昏、丧祭、内治、嘉言、善行，囊括先祖祭祀、宗祠管理和家庭循规、子孙教育、成长和婚娶、丧葬事务，以及尊儒嘉言和守正行善等规定和要求。规章完备，有规可循；宽严分明，有约可行。

其可贵之处在于，以儒家文化为根柢，倡导家国情怀，紧密联系"修身、齐家、治国、平天下"主旨，将诸多行为规范与精神涵养，融汇于遵循社会整个公共秩序的目标中，以求取得自达且达人的恒久目标。

作为温州地方之一望族，英桥王氏坚持弘扬地域文化，注重族规家风建设，倡导俭朴生活，注重礼义熏陶，以自达而达人，齐家而平天下，实堪治家之典范。

王氏族约

八世祖　王澈①

---

①王澈（1473—1551）：原作"八世孙"。英桥王氏八世祖，字子明，号东厓。明正德八年（1513）中举人，初授礼部司务，升兵部武库司郎中，累官福建布政司左参议。嘉靖十八年（1539）辞官告归后，在故里修葺始祖墓、建王氏宗祠、重修族谱，制定《王氏族约》。嘉靖二十四年（1545）全城饥荒，施粥两月余，日食者千余，活人无数。又牵头与项乔修永嘉场沙城，南起梅头北至宁村小斗，全长2600余丈，费金5000，皆由二人出资。嘉靖三十年（1551）卒于家，享寿79岁。舅舅即大名鼎鼎的张阁老张璁。仲弟王激，官至国子监祭酒兼经筵讲官；三弟王沛，即抗倭英雄，追赠太仆寺丞。有子二，叔果、叔杲都登进士，共建永昌堡，公益良多，均封大夫，有"温州双璧"之誉。

祠仪第一①

叙曰：室先庙②礼重祭，所以报孝也。爰参古训，著为秩节③，俾嗣诸后世。

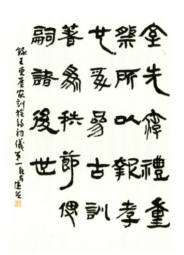

---

①本篇章主要陈述敷排宗祠祭祀先祖的仪式，包括各个流程和环节，及其预备事项、参加人员、时间、规范性要求、处罚办法、日常管理等。祠仪，即祠堂祭祀先祖的仪式。

②室：引申为家族。先庙：祖庙，祖先的家庙，设置先祖牌位以供祭祀的公共建筑。

③秩节：语出《礼记》，即祭祀的秩序、规则和程式等有关规定。

述祠仪

宗祠之立，盖以义起者也，故祀我先祖考万十一翁①者，所以报本始②、萃③合宗人也；奉高祖考樵云翁④，及始封溪桥翁⑤配食⑥者，所以崇德报功、启佑后人也。配食惟立牌，不设主者，酌礼⑦之宜也。其祭以立春行之；余三时，则荐⑧立春之祭。至大礼也，先期三日，应祭办之家，即以斋戒牌⑨逐房预报子自孙十岁以上。

---

①万十一翁：即英桥王氏始迁祖，名王惠（1257—1340），字振卿。据明本《英桥王氏宗谱》，王氏旧传称五代唐时由闽徙来，自宋末元初从温州府城迁永嘉场二都英桥里。

②报本始：报答恩惠。有成语"报本反始"，即报答恩情，不忘所出。

③萃（cuì）：会集，聚集。

④樵云翁：即四世祖王毓（1360—1426），号樵云，虔孝道，好诗文，著有《槐阴集》。首开王氏诗书艺文先河。育有七子，子孙繁盛，一生筚路蓝缕，开启王氏家族宏阔格局。

⑤溪桥翁：即七世祖王钲（1450—1536），号溪桥，娶恭人永嘉场三都普门张氏。育子王澈、王激、王沛，均有功名。开官宦世家之大功。

⑥配食：即附祭、配享。

⑦酌礼：致献礼酒之仪。

⑧荐：据《礼记》："士大夫宗庙之祭，有田则祭，无田则荐。"或庶人称荐，天子、诸侯、士大夫称祭。后来祭、荐通称。

⑨斋戒牌：古代行斋戒礼所置办示警牌。斋戒：祭祀之前，各参与者需要履行沐浴、整发、焚香等程序；并持有斋戒牌，预报参与春祭人员。行祀之时，各佩斋戒牌入陛。

至期，俱盛服趋事①。其贾贩在外者，悉归与祭；设遇官事、疾病不能与祭者，先一日具于司礼，准免。若三时奠献②，及朔望③参谒，居处散远不能悉集，则以班次④迭至。祭前三日，礼生⑤会宗子⑥以下至祠堂，告祭期，唱：

序立⑦，鞠躬。拜，兴⑧；拜，兴。平身。

盥洗。诣香案前，跪，焚香。祝⑨跪宗子之侧，曰：

孝孙某，将以某日，荐岁事于祖考，敢告：

俯伏，兴，平身；复位。四拜。乃退。

祭前一日，设位陈器，具馔省牲⑩。演礼祭之日，值年者黎明鸣鼓三通，长幼各盛服，次于左右堂及两庑。俟众集后，司鼓鸣鼓七声。各就位，行仪节。

---

①趋事：办事，赴事，立即参与（活动）。趋：办理，积极参与。
②奠献：祭奠和酌献等系列程序安排。
③朔：每月初一；望：每月十五。指每逢朔、望日参谒祭祀仪式。
④班次：此处指分成批次进行。
⑤礼生：司礼者，即以称祭祀时的实施仪式者。包括通赞、引赞等仪式活动的司礼先生。
⑥宗子：指大宗的嫡长子，也可指族长。
⑦序立：按品级站立。
⑧拜，兴：跪拜和起立。
⑨祝：通指主持祭祀活动的人，也可以代指宣读祝文者。
⑩馔（zhuàn）：饭菜等食物。省牲（xīng shēng）：古代祭祀前，主祭及助祭者必须审察用品是否妥当，以示虔诚。

（通）①序立出主。参神②。

鞠躬。拜，兴，拜，兴。平身。

（引）③诣④盥洗所。盥洗。诣香案前。

跪，上香，酌酒。

俯伏。兴，拜，兴，拜，兴。平身。复位。

（通）进馔。执事奉汤饭。奠之。行初献⑤礼。

（引）诣先祖考、妣神位前。

跪。酌酒，祭酒，奠酒。

俯伏。兴，拜，兴，拜，兴。平身。

诣"读祝位"。跪。（通）主人以下皆跪。读《祝》，词曰：

维年月朔日，世孙某，敢昭告于先祖考万十一府君、先祖妣陈氏安人。今以立春，生物之始，追惟报本，礼不敢忘。谨以洁牲庶品，粢盛醴齐⑥，祗荐岁事。奉高祖考樵云府君、高祖妣谢氏安人，先叔考通政溪桥府君、先叔妣张氏恭人配，尚飨⑦。

俯伏。兴，拜，兴，拜，兴。平身。

①通：即通赞，礼仪的总指挥。"通"即通领、启导。礼仪均由通赞发端。
②参神：参拜逝者神灵。为祭祀仪式之一。
③引：即引赞，主要引内引外，做好仪式的衔接、引发作用的实施者。
④诣：到。
⑤初献：古代祭祀时献酒三次，即初献（爵）、亚献（爵）、终献（爵），合称"三献"。三次献礼据身份地位安排。下文还提及亚献、终献。
⑥粢（zī）盛：祭祀时将谷物盛放到祭祀器里，即为粢盛。醴齐：即醴酒，甜酒。
⑦尚飨：亦作尚享。表示希望死者来分享祭品。

（引）诣高祖考、妣神位前。

跪。酌酒，祭酒，奠酒。

俯伏。兴，拜，兴，拜，兴。平身。

诣先叔考妣神位前。

酌酒，祭酒，奠酒。

俯伏。兴，拜，兴，拜，兴。平身。复位。

（通）进馔。执事奉炙肝进。兄弟之长者奠之。行亚献礼。同初献。但除去祭酒，并读《祝》。

进馔，奉炙肉。奠如前仪。行终献礼。同前仪。侑食[1]。

（引）诣香案前。鞠躬。拜，兴，拜，兴，拜，平身。复位。

（通）主人以下皆出。阖门。（通）祝噫歆[2]。祝当门北向云云。启门。复位。献茶，饮福饮。受祚[3]。

（引）诣"饮福位"即香案前跪。执事者取始祖前酒盏授主人，仍取胙馔以待。受酒，祭酒。祝诣主人[4]左，致辞，曰：

祖考命工祝，承致多福无疆于汝孝孙，来汝孝孙，使汝受禄于天，宜稼于田，眉寿永年，勿替引之。

（引）饮福酒，受胙。

①侑（yòu）食：指祭祀中为先人助歆享用酒食之兴。
②噫歆：感叹词。祭祀时发声告神享用祭品。汉郑玄注为"警神"而发感叹。
③受祚（zuò）：意思是接受天地神明的降福。
④主人：指主持仪式的长者。

俯伏。兴，拜，兴，拜，兴。平身。

主人起，立于东阶上西向，通告"利成"。祝立于西阶上东向，曰："利成"。

（引）复位。（通）辞神。

鞠躬。拜，兴，拜，兴。平身。

焚《祝文》。纳主①礼毕。

祭毕，读《宗训》，《训》曰：

（听听）事亲必孝，事长必敬；兄友弟恭，夫义妇正。（听听）毋听妇言，以伤同气；毋作非法，而犯官刑；毋恃富强，以凌贫弱；毋好争讼，而扰门庭；毋为赌博，以荡产业；毋纵淫僻②，以陨家声；毋耽麴蘖③，以乱厥性；毋习游惰，而忘治生。誊此训诫，实系废兴；言之再三，尔宜深省。

凡三时，荐以端午、仲秋、冬至行之，如家礼之献时食，宗子率族众行礼。同朔望仪。

凡荐，先节一日，于宗祠行礼；余小宗则于次日举之。庶各尽其诚。

---

①纳主：《朱子家礼》，及其《大明集礼》之《家礼》卷五《祭礼》有关规定，列有时日、斋戒、陈设、省馔、行事、参神、降神、进馔、酌献、侑食、阖门、启门、受胙、辞神、纳主等各项仪式。纳主等即其仪式流程之一。《王氏族约》固为遵守，并有独特创见和践行。

②淫僻：即淫辟，释义是放荡淫乱，邪恶不正。

③麴蘖（qū niè），亦作"麴糵"，曲糵。原指酒曲，此代指饮酒。

凡祭荐之日，祠中俱用子弟将事；仆人传递酒肴至阶下，而至①。

凡遇朔望，直年者黎明具香烛及茶，鸣鼓三通。宗子率众至祠，绅衿，焚香，献茶。行四拜礼。

祠堂须严洒扫扃钥②，不许族众闲杂人等擅入作践。祠门外晒扬稻谷、堆积柴草，及一切秽杂等物，悉宜禁止。

凡子孙揆置祭田，其字号、岁亩勒石于祠，俾令世守；有质鬻③者以不孝论。

凡祭田，子孙轮年、征租、办祭其品物，悉遵《文公家礼》④，务在充备精洁；有不蠲⑤者，司祀纪过⑥、议罚。

凡祭器，常储于祀，不得他用。每祭毕，值年者面向验付，或有损毁，即令修补。

---

①至：应作止。
②扃钥（jiōng yuè）：喻指必经的要地。此指祠堂祭祀神圣场所。
③质鬻（yù）：典押出卖。
④《文公家礼》：即《朱子家礼》，宋朱熹著。是古代一部简明、实用的家庭礼仪手册，反映了士庶阶层共同的礼仪需求，迨至明代，随着朱熹理学在社会上的地位日趋稳固，影响更加广泛，而及于民间士庶宗族管理。
⑤蠲（juān）：此处指洁净。不蠲，不洁净。
⑥纪过：记录过失。

解读:

本《祠仪》篇章从祖庙祭祀及其礼仪的重要性开篇,即"庙礼重祭,所以报孝"。扼要表明了古人以宗族孝治为先,而后方能治天下的主旨。

然后,逐节展开陈述祖宗祭礼的各相关规范内容。主祀为:先祖考万十一翁,并,奉高祖考樵云翁、始封溪桥翁,配食。时间:立春行祭,及三时参演。祭祀事前筹备事项;参与宗族的各辈分人员、礼仪主持人等礼生准备及其规范事项。特为指出,祭前三日、前一日的各项规定,条分缕析,颇为精细。

行祭当日,"值年者"即当年祭祀总负责人,黎明早起,"鸣鼓三通"来宣告仪式开始,众人逐渐集合;集合毕,"鸣鼓七通"宣告"各就位行仪节"开始。进入重点流程。

《祠仪》篇重点是详细叙述行祭的完整过程,包括各演礼人员:"通赞"的启始主导,"引赞"的引导实施,和"祝"人的祭品、酒、茶的酌奠献等,从"初献礼",至"亚献礼",再"终献礼",步步推进,有条不紊。其间,序立、俯伏、兴、拜、平身、鞠躬、复位等,相互衔接,庄重肃穆。初唱、读祝、献胙、酌酒、茶礼和众人肃立,以及分班进行等,相互穿插,直至全部仪式礼毕。礼毕,且高诵《宗训》一通。唱诵之声直达至庙堂,萦绕三日而不绝。

最后,《祠仪》篇简略地规定了其余一年三次的祭祀要求,"余三时荐,以端午、仲秋、立冬行之。如家礼"之外,还分成分则条目,具体明确宗子率众和先一日、祭之日的规定。同时,就宗祠日常管理和祠田、祭器保管及其预防、惩罚措施也做了规定。

著秩节，嗣诸后。祠祭重，仪礼行。王氏宗风之兴，乃以祗荐而隆。

馂仪第二^①

叙曰：《传》称"慎敬终。"馂者，祭之终事也。节文不遂，何以钦神^②、贶^③教、敬让乎？

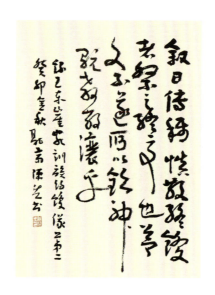

---

①本篇章主要陈述分享祭品的仪式，包括流程、规则和参与人员。馂，此处作分吃祭品解。
②钦神：即敬神，祭奠神灵。
③贶（kuàng）：赐，赏赐。

述馂仪

　　祭毕而馂，设六卓^①于旁厅，专馂八旬、七旬高年者；仍设百卓于两庑^②，以馂族众。各房轮流供办，其分派卓数多寡，视其才^③力以为差等^④。先一日颁给价银，自足充费。今族姓繁衍，止^⑤设九席，上堂三度^⑥：一敬老、一贵贵^⑦、一尊贤。待俊秀及执事者，亦逮贱^⑧之意。

　　凡春祭馂，长幼俱在。然亦惟既冠者^⑨与坐，年幼者礼毕先出。若三时奠献^⑩，量留长老数人，及宗子一馂^⑪；其余俱免。

---

①卓：即"桌"解，桌子。下同。

②庑（wǔ）：据《说文》，"庑，堂周屋也"。即堂下四周的廊屋、厢房。

③才：此处应作"财"解。指各房按自出财力而定桌数，不做规限。

④差等：作等级、分成等级解。

⑤止：仅、只。

⑥度：指尺度，标准。

⑦贵贵：敬重贵显的人。《孟子•万章下》："用下敬上，谓之贵贵；用上敬下，谓之尊贤。"贵贵、尊贤，其义一也。

⑧逮贱：犹逮下。指长者酬酒，自贱者始，以示先人之惠逮及下者。

⑨既冠（guàn）者：古代男子到成年则举行加冠礼，叫作冠。一般在20岁。此处泛指成年。

⑩奠：祭奠，祭祀死者。献：供献祭品。奠献：供献祭品以祭祀死者。

⑪馂：享，享用。

读《宗训》毕，鸣鼓七声。主人[1]酌酒，诣尊者前。祝侧立，唱曰：

祀事既成，祖考嘉享；伏惟尊亲，备应五福[2]，保族宜家。

主人揖，进酒；揖，跪匍尊者。饮毕。尊者举酌，酬主人。祝唱曰：

祝事既成。五福之庆，与尔曹共之！

主人受[3]酒，更[4]举酌，奉次尊者。旋而揖。余则子弟各举酌于其长，诣尊者前揖次，分班揖，乃饮。每行以五十人为率。

奉酒毕。鸣鼓七声。长幼咸序[5]于左右堂及两庑。其坐席，以最尊一人为统；余依世次，渐将俟命，乃坐。

凡饮酒，以七行、九行为度。其讲说，务在推明宗训，互相劝勉；毋得闲言哗嚷[6]。

馂毕，鸣鼓七声，长幼咸至左右月台上。仍鸣鼓七声，乃序立于阶下，向上揖次，分班揖拱而立。待鸣鼓八声，乃以齿雁[7]行而出，毋得越次失礼。

---

①主人：主持仪式的长辈或尊者。
②五福：语出《书经·洪范》，指寿、富、康宁、攸好德、考终命。
③受：授。
④更（gēng）：相继，交替。
⑤咸：都。序：按次序（行坐）。
⑥哗：喧哗。嚷：吵闹。
⑦齿：年岁，年龄。雁：排成队列。

解读：

《馂仪》篇开首指出：馂仪，乃"祭之终事也"。只有完整庄严地做好馂仪的全部过程，整个祭祀仪式才算真正地完成。

全篇逐节地陈述设置桌数、参与人员，与执事的相应安排。然后，主要说明春祭分馂的具体规定，与唱祝辞、酌酒及其分班进行的流程。而且，就仪式的庄重、禁忌做了充分罗列。由总至分，详述各项细节，力求清晰明了。

全部的仪式，让人感受到整个馂仪所理应体现的"钦神""祝敬"与"敬让"的肃穆和亲睦。祭祀之仪，至此方谓完整；教孝之劝，完备故成尊重。

简任第三①

叙曰：齐家不易，任事维贤；任匪②其人，众且不协。矧③曰：
诲化宗祠，明正曲直，而刑罚焉。

叙曰齐家不易任
事维贤任匪其人
众且不协矧曰诲
化宗祠明正曲直
而刑罚焉

癸卯孟秋裔孙王昕敬书

---

①本篇章主要陈述司礼人员选任的原则、特定要求和具体规定。
②匪：非。
③矧（shěn）：况且。

司①礼二人，以淳朴好古者为之。先祭三日，率礼生习仪。祭时有失仪者，纠②之。

司恤二人，以慈和惠顺者为之。凡族人穷独、鳏寡，及婚嫁、丧祭不能成礼者，则白③族长议赈给。凡富足之家，以义劝之，能从者，书于《嘉善簿》④。

司事六人，择族人勤敏者为之。凡宗祠有事，则供命⑤。

凡立司、纠司、讼司、礼司、恤司事，所以贞教⑥修睦，共成嘉礼。典任之者，皆当顾名思义，以求塞责⑦。其或好恶、徇情、懦弱不振者，则众相激励；有过，则众议易之。

礼生：

通赞二人　引赞二人　司爵馔⑧八人

读祝一人　司牌二人　司钟鼓二人

宗庙以有事为荣。凡此礼生，务宜娴习礼仪，以序其事；其有偷安慢⑨事者，司礼谕⑩而责之。

---

①司：主管，管理，承担。

②纠：纠正。

③白：告知。

④《嘉善簿》：谓好事善德记录本。

⑤供命：待命。

⑥贞教：语出《礼记》，谓贞正的教化。

⑦塞责：履职尽责。

⑧司爵馔：指负责祭祀酒器和饭菜的司礼人员。

⑨慢：冷淡，怠慢，疏忽等。

⑩谕：告知，告诉。

解读：

世间任事，以任人唯贤为上。而宗祠管理之简拔，亦莫不如此。《简任》篇首提出"任事惟贤"的原则，正与任人唯贤相统一。

鉴于《族约》经府、县批允执行，宗祠有自身的内部事务管理和族人善恶奖罚等职责，因此需要就各执事人员做出明确规定。全篇就司礼、司恤、司事与司纠、司讼等相关职事人员和职责要求，做出具体规定；以及人数安排的要求，也一并列出。让人理解一清二楚，且贯彻落实也准确到位。

凡一切规定和要求，最终还是要落实到具体执事者。《族约》之名，亦《族约》之明。信然！善哉！

籍考第四①

叙曰：表②立而众趋，纲举而目丽。夫欲彰善瘅恶③，别生类族，而无其道，将焉攸稽④！

其道将焉攸稽
别生類族而無
夫欲彰善瘅恶
趨綱舉而目麗
叙曰表立而眾

癸卯孟秋
裔孫王昕敬書

---

① 本篇章主要陈述宗族内部关于嘉善、萃宗、立纪、劝惩和肃仪等事项和行为的登记在册。籍：立书册以凭借（考核）。
② 表：标准，规范。
③ 彰善瘅（dàn）恶：成语，出自《尚书》。简言之，表扬好的，斥责恶的；亦崇教化，移风俗。瘅：斥责，憎恨。
④ 将焉：将怎么，该如何。攸：语助词。稽：稽核，考查。

述籍考

立《嘉善簿》一扇①，分惇礼、尚义二类；立《愧顽簿》一扇，分习非、从逆二类。凡善恶司纠，详察之。每遇朔望，宗祠拜揖毕，司纠同②族众，以类书于簿。

立《萃宗簿》四扇，凡子孙十五岁以上具书其名。俟行礼毕，司事持簿分置祠下以次，押花字以备，稽考其有不至者；司事具报族长议罚，有力者罚谷四十，贫者罚跪。

立《纪伦簿》一扇，掌书③族之嫁娶。凡嫁娶者告祠毕，则书其姓氏；若非门第相当者，谕止之。

立《纪生簿》一扇，掌书族众之生卒者。凡生子，候月朔具报于簿。请族长命名、既冠，谒祠请字，庶于前讳无犯。其卒之年月日时，亦以告备修谱采录。

立《劝惩牌》二面，书族众之善恶，悬于祠。

立《肃仪④牌》二面，凡祭，及馂时，令子弟分执巡警。

---

①一扇：此处可解为一册、一件。
②同：会同，会合。
③掌：负责。书：记录。
④肃仪：端正仪表。

解读：

《籍考》篇深谙此理：凡考核，酌定高低，则首先确立标准。标准明确好了，其善、恶与优、劣等判然容易划分，并可以较好地予以嘉奖和惩罚。

然后，具体就"立《嘉善簿》""立《萃宗簿》""立《纪伦簿》""立《纪生簿》"与"立功惩牌""立肃仪牌"等，立门别类，条分缕析，句句扎实，其中包括条目的内涵明确，更立足于实地执行；也由此说明宗祠管理、族人模范必须具备能力和素质的针对性和详尽性。

古人云："莫以善小而不为，莫以恶小而为之。"《王氏族约》正充分地体现这一千古不易的深刻道理。是为不虚矣！

汇训第五①

叙曰：国有政，家有训，众之纪也。纪失则众涣，其犹水之无坊舆，有家而罔②训。何以闲之③！

---

①本篇章主要陈述宗族教化引导的训规及其具体条目，以及违犯所要给予的惩戒。倡导树恩于宗族，谋盛举以垂不朽。
②罔：无，没有。
③闲之：等闲视之。

述汇训

宗子上承祖考，下统宗祊①，有君道焉。族人皆当敬而宗之。凡有事于宗庙，必与闻而后行。为宗子者尤宜以礼自检，使可为一家之则。有失，则司礼匡而正之；如甚不肖，则遵横渠张子②之说，择立其次贤者。

凡族众行检高下，以敦崇道德、言行足为师表者，为优等。以推仁尚义、入孝出第、不得罪乡党者，为次等。凡优等，死则于谱传之。

凡子孙居官，务要廉勤正直、尽忠体国、恪守官箴，其治行卓越、惠泽及民，及有功德，为宗族乡邻所庇赖者，殁③后于谱传之；如以贪酷被黜④者，于谱上削其爵。

凡祖宗配食者，其妻无善可称，则独祭其夫。

凡生员，乃族中之秀，当敦行好礼，崇尚气质，向以为族众表帅。

---

①宗祊（bēng）：宗庙，家庙。
②张子：即北宋思想家、理学名臣张载（1020—1077），字子厚，凤翔郿县（今陕西眉县）横渠镇人，世称横渠先生，尊称张子，封先贤。其"为天地立心，为生民立命，为往圣继绝学，为万世开太平"的名言，因言简意宏，为历代推崇，并至今传颂不衰。
③殁（mò）：没，死。
④黜（chù）：罢免，免职。

若惟利是营，不顾名义出入公门，干扰邻邑，可鄙甚矣。何以为士耶！仕官家居者，尤宜以道自重，谢绝私谒，以共维宗风可也。

凡子孙十岁以上，四时祭祀，及朔望参谒，令其诣祠观礼。

凡子孙淫佚、赌博，以及一切悖礼法者，每朔望，司纠会族长以下，告于祠，量罪议杖，有不悛①者加杖之；又不悛，加杖之。不许入祠。与祭能改者，复之。

凡子孙被告于祠者，自当赴祠听理，其有玩怠不至者，加杖之。

凡子孙傲戾②恃顽，不伏诲训者，众呈于官，重治之。

凡子孙受责于祠者，责毕，于阶下四拜，以视祖宗训诫之意。

凡族中忿争不关白③族长，及听断未决，辄赴官告扰者，罚于祠。

凡《善恶簿》，十五以上皆书；七十者有过不书，礼老也。

凡子孙罪恶显著，如不孝、乱伦、盗贼等事，族众有闻，即告于祠，痛责之。生不许入祠，死不许入谱。

凡族属燕会，固有三四行而聚于一堂者，世次既繁，难严坐立。今拟略如馂仪位，以统一为尊；余依世次渐退，或以椅凳别之。若因坐次之难，令其私叙别室，自遂燕安，非所以明亲亲④、教敬让也。

凡尊长呼卑幼，须以名字，不宜沿习簿俗称其别号。若卑幼

---

①悛（quān）：悔改。
②傲戾（lì）：骄傲、乖戾。
③关白：陈述，禀告。
④亲亲：亲近亲族。《礼记·中庸》有云："人者仁也，亲亲为大。义者宜也，尊贤为大。"

之称，尊长自当谦谨。

凡子孙官居者，族中不得舆马出入，年耆老者不拘。

凡公家粮料，早宜输纳，毋得迟延，以速官庲。

凡包揽侵欺，国法具在，小则辱身丧家，大则祸害宗族。切宜深戒。

凡有嗜利玩法者，司纠会众谕止之；不从白于官，必止乃已[1]。

凡子孙为僧道不归正者，或异姓入继，来历不明者，削其名于谱。凡立后之道，惟论昭穆[2]相应，律有明文，固宜遵守。然有嫡长子，以继祖为重，自当立母弟之子长者。晦翁[3]谓："继祖之宗绝，虽无兄弟，亦当继祖是也。"若众子无后，则一依昭穆相应立之，为当近时说者，乃谓庶人无立后之礼。欲公析其产业，而以主祔于祖庙，此固弭争，然非厚道；若贫而不足以立后者，而以此处之，则可也。

凡保家之道，惟俭与勤。若习惰好闲，用度无节，甚非久长

---

[1] 已：矣。

[2] 昭穆：宗庙的辈次排列。古代宗庙制度，天子七庙，诸侯五庙，大夫三庙。以天子而言，太祖庙居中；二、四、六世居左，称为"昭"；三、五、七世居右，称为"穆"。此泛指一般宗族的辈分关系。

[3] 晦翁：即宋代大儒朱熹（1130—1200），字元晦，一字仲晦，号晦庵，又号紫阳，世称晦庵先生、朱文公。朱熹是唯一非孔子亲传弟子而享祀孔庙的人，位列大成殿十二哲者；其理学思想对元、明、清三朝影响很大，成为三朝官方哲学，一生著述甚丰。

之理由。为庶人、为士、为大夫卿佐，道则不同，本诸勤俭一也。

　　凡周恤①族之贫难，及于宗祠，有义举在，有余之家，即宜务行之。今累困廪②、连阡陌③以遗子孙，至言祖宗公事，则缩颈方丈。宴亲宾，绮罗填箧④，于族人之饥寒罔恤。皆由大义不明，未尝念及一本之意。夫创业累锱铢⑤，而后人用之如粪土⑥。富贵有时替，而人死贵留名，故家有余财而不能树恩于族，谋盛举⑦以垂不朽，是诚不智之甚也！

---

①周恤：接济、救济。
②困廪（lǐn）：谷仓、粮仓。
③阡陌：田界或田间小路。
④箧：原指盛东西的方形竹器。此泛指箱子。
⑤锱铢：古代重量单位。比喻极细微的数量，太过于计较利益得失。
⑥粪土：此处比喻把先辈辛苦积聚的财富视如粪土，任意挥霍浪费。
⑦盛举：规模宏大并有意义的事情、行为或仪式活动。

解读：

"国有政，家有训。"乃是"众之纪也"。起篇，即以提纲挈领的导语，概括宗族有训且严守约的重要性。从而，从基本原则出发，指出宗族人人遵守以儒家思想为主导的人本规则和世范守则的必要性，也为此人伦时代表达出王氏族人的自信选择。故而命其诸训，名曰《汇训》。

凡治家之道，"为俭与勤"。一语道破天机！围绕宗族和族人的素质和修养，以及全部事业发展，亦以"俭与勤"为要也。故训语有云："若习惰好闲、用度无节，甚非久长之理由。"而且，"为庶人、为士人、为大夫卿佐，道则不同，本诸勤俭一也。"可谓王氏先贤一片苦心的循循教诲！

还提倡族人要举起"义"的大旗，相互信任、帮助和体恤，勇于任事，敢于承担起大家共同前行、努力善行的宗德家风，特意阐明"故家有余财而不能树恩义于族、谋盛举而不朽，实乃不智之甚也。"的忠告。贯穿历史的深远智慧之光，时代价值的现实含义，诗书传家，文化官宦，英才辈出，功德圆满，均为英桥王氏的宗训家风树立了一道耀眼天平线。

冠昏第六①

　　叙曰：冠以责成人，昏②以嗣万世，人道之大也。弗惧厥始③，何以永终！

　　大也　何以永终
　　始
　　萬世　弗懼厥
　　成人　人道之
　　癸卯孟秋
　　喬孫王昕敬書
　　叙曰冠以責
　　　　　　　婚以嗣

---

①本篇章主要陈述成人加冠和婚娶的宗族规范。
②昏：同"婚"，婚姻，下同。
③厥（jué）始：最初，开始。

述冠昏

夫冠者，礼之始。其富足及读书之家，固宜遵守勿怠；若贫而食力者，虽难责备，然告庙见长^①之礼，决不可废。

夫既冠，乃称成人，须思成人之道。何如以责于己，斯名称不愧；若不能顺其成德，而犹有童心，虽谓之未冠可焉。以此论之，则礼仪之备与不备，犹在第二义也。

昏娶，嘉事之重者也，必父母无故^②，方可举行。世俗有因亲病危，殆托为借亲之名，遂成昏庆，以至居丧无礼，伤教败伦，莫此为甚。吾族有此，司礼谕而止之，不听，告于族长议罚。

吾乡昏娶素称近古，末流尚浮。求婿者趋富，娶妇者论财，伤风败俗，真夷虏之道也。以后嫁娶各宜从俭，以敦古道。

凡昏配须门第相当，岂可苟慕妆奁，而与下贱之家为耦^③？娶妇不若吾家，虽若可恕，然致妯娌、叔嫂、婶侄之间，耻与相认，岂不长偷^④？若嫁女不择，使为贱家之妇，尤为辱先，可恶吾族。嫁娶有仍此弊者，族长会众谕止之。其已娶如系贱家之女，元旦谒

---

①长（zhǎng）：尊长。
②无故：此处特指没有发生非正常的变故。
③耦：凡二人为耦。此处指配偶。
④偷：苟且应付，敷衍。

祠，不许一概混进。

　　凡同里诸大姓，与吾家俱世姻，名分原有定伦，族中昏嫁亦当较量彼此相应。今虽不能尽押①，然于五服②之内决不可乱，毋得苟且迁就，紊乱尊卑，以招乡闾訾议③。

---

①押：同"压"原义，可作签押解。延伸义为遵照，照办，认可等。
②五服：古代的亲疏代际和差等关系。这里谓高祖父、曾祖父、祖父、父亲、自身五代的人伦关系。
③訾（zǐ）议：訾，诋毁，指责。议：议论。訾议，可解非议。

解读：

《冠昏》篇章主要讲述教育子女成长和指引年轻人婚娶的问题及其规范要求。这不但对族内新生一代的成长赋予责任担当意识，成其为人；同时从保障族群繁衍的优质角度对新人的婚娶，提出了相应的规范。都是很有针对性的规定。故曰："慎厥始""以永终"。

"嫁娶各宜从俭""婚配须门第相当"，这两条，即便放在当今的社会背景下讨论，亦不乏现实意义。以"门第相当"为例，倒不是说双方一定追求家境上的相当，其实更为深层的，便是双方成长背景的相当。来自不同家境，所受家教势必迥异，极容易导致婚后生活因"三观"不同而生成诸多矛盾，以致夫妻感情失和甚至家庭的解散。句句箴言，实乃重教敬礼之远见。

现代《婚姻法》，从优生的角度禁止直系血亲和三代以内旁系血亲通婚。本篇中提出五服之内不得迁就，这更为严格地阻止近亲结婚，保障家族人口得以优质繁衍。此举不论从社会层面还是优生角度来讲，都具有现实的可借鉴性。

丧祭第七①

叙曰：丧以饰哀，祭以继孝。节②不举，志不行，而人主之恩③薄矣。

癸卯孟秋　裔孙王昕敬书
叙曰丧以饰哀
祭以继孝节不
举志不行而人
主之恩薄矣

---

①本篇章主要陈述宗族关于丧葬祭奠礼仪的基本内涵、实施流程和相关各类规定，以及所具备的价值和含义。
②节：礼节。
③恩：感恩之德。

述丧祭

凡居丧仪节，具载家礼，有志者固宜一一遵守；然在庸众人亦有难于备责者。至于饮酒食肉、悖①礼忘哀等事，决不可为，乃有②易服③懽④会、燕处⑤谈笑如平时，此何理耶！吾族切宜戒之，毋沿簿俗。

丧葬作佛事用鼓乐，乃夷风之流；而簿俗之相沿者，吾族以诗礼名家，何得袭此？有官者尤宜屏之，以为众率⑥。

丧家祭七，乃佛氏之说，已为不经⑦；又以祭余宴会，尤非礼也。切宜革之。惟遵古礼，朝夕哭奠于朔望，加设酒馔，则礼顺而情至矣。

丧家吊客⑧，近则留茶，远则延饭，毋得盛设酒馔，以损孝子哀思。

---

①悖：违背，违反。
②有：此处抄本多出一个"有"字，结合上下文，应作衍文处理，删去，方可通畅。
③易服：指无故变换祭祀期间规定的庄重服装。
④懽（huān）：同"欢"。快乐、高兴。
⑤燕处：燕，同"讌（yàn）"。燕处，闲居。
⑥率：表率。
⑦不经：不符合常规、常理，无稽之谈、无根无据之类。
⑧吊客：凭吊来客。

亲尸以入土为安，故古者士庶，人葬不越月。今人泥^①于年月，山家之说。至有除丧不举者，不惟暴露亲尸，且哀情日杀^②，礼节顿忘，殊非送终之道，不可不长深思也。

五服之制，先王称情而立文^③者也，亲丧固所自尽^④；至于期功之服^⑤，皆不可忽。近族姓繁多，鲜^⑥有服其服者，是视亲属无异于路人也。以后亲族有丧，须应期^⑦成服^⑧；若亲之丧未举，虽本服既除，亦不^⑨宜欢会作乐，违者司礼正之。

宗子有贤行者没^⑩，则族人皆为服缌^⑪，以尽重宗之礼。

凡父在母亡，宜以何人为丧主^⑫？《丧服小纪》^⑬云："妇之

---

①泥：拘泥。

②杀：减却。语出《礼记》。

③立文：制定规范文书、规则。

④自尽：语出《孟子·滕文公章句上》。乃尽心竭力之意。全句解为，父亲的丧礼自应尽心竭力来办理。

⑤期功之服："期服"和"功服"的合称。泛指丧服，亦指丧服制度。亲属视与死者的关系亲疏而采取不同的丧服及服期。期，服丧一年；功，包括大功和小功，大功服丧九月，小功服丧五月。均不可疏忽。

⑥鲜：少。

⑦应期：规定的时限。

⑧成服：即盛服，穿上规整丧服。

⑨不：此处"不"字应漏，予以补入为合。

⑩没（mò）：亡故。

⑪服缌（sī）：语出《礼记》，即缌麻服。多指关系较远的族亲，穿戴丧礼服饰。

⑫丧主：即丧事的主人，丧礼的主持人。

⑬《丧服小纪》：属于《礼记》第十五篇。内容涉及服丧及其丧礼的基本规定。

丧，虞、卒哭其夫；若子主之祔①，则舅主②之。"盖谓诸子之妇亡者，无子，则虞、卒哭之祭，其夫主之；有子，则其子主之。至于祔庙，则其舅主焉尔。然以仪礼及家礼祭仪考③之，皆子祀父母之文；以夫行之于妻，似为过重，惟当别立仪节，另为《祝文》，庶于情礼为当。如妻亡而有子者，其子仍依诸礼，主虞祔、卒哭、祥禫④之祭；但其父略先拜奠，以休他所，而后长子率诸子孙、内外之人，举行其书神主⑤格式。凡祔于祖庙者，固从主祭者书之；若支子之妇，而不得祔祖者，则何如？昔人问："夫在，妻之神主，宜书何人奉祀？"朱子曰："旁注施于所尊，以下则不必书，然则从夫，固礼也。"予观载《（礼）记》："六十曰老，而传七十。"⑥惟衰麻为丧。窃意子既成人，而其夫且老，则从子而书，祭于私室。俟父殁，而同入祠，亦权礼之宜也。

---

①祔（fù）：泛指配享、附祭或合葬等。

②主：指主持丧礼。此处均引录自《丧服小纪》。即虞求、卒之哭丧礼。舅，古代称丈夫的父亲，即公公。

③考：审察，推演。

④祥禫（xiáng dàn）：语出《礼记·杂记下》："期之丧，十一月而练，十三月而祥，十五月而禫。"古代丧祭之一种。

⑤神主：指神主牌位。

⑥此句，《记》应作《礼记》补上。《礼记》原文为："六十曰耆，指使；七十曰老，而传。"文中含义，指人到七十岁，老了，应该把大事交付成年人来办理。丧事礼仪也是同理。

今宗祠奉始祖居中，二公之配，既遵《大明会典》^①，以左为尚。则凡小宗之四龛^②者，曾祖考亦当分左右，以次而列；若家礼虽有尚右之说，然文公^③尝自谓"非古礼"。时祭陈设之仪，旧亦尚西，而坐皆南向，似于情有未安。今依儒先"事死如事生"之说，奉高祖考妣南向、曾祖考及妣，各依昭穆^④分列左右，仍随世次稍退半席。

吾有宗祠，固有田，轮房^⑤办祭，而以宗子主之。其小宗兄弟或因住居离析，四时祭祫，惟属之长房，甚或不与祭拜，此于情理何安？今拟有田之家，即抽田若干亩，轮流收租办祭；如未置有祭田，则家富者具物致助，或办祭送至祠所，而请适子^⑥行礼，可焉。

西门洋墓祭，拟于清明先一日举行，其祭祖轮年征收，一如

---

①《大明会典》：简称《明会典》，是明代编修的一部以行政法为主要内容的法典。弘治十五年（1502）书成，共180卷。万历四年（1576）重修，共228卷。世人引用较多的是万历版。包含有《诸司执掌》《皇明祖训》《大明集礼》《孝慈录》《大明律》等。

②四龛：普通的祠堂一间正厅，正厅内设四个龛，龛中置柜，内藏祖宗牌位（称"神主牌"），四龛神位依次为高祖考、高祖妣和考、妣的官位、姓名、字号等。大宗、小宗均同理按辈分摆设。

③文公：即宋代理学家朱熹，世称朱文公。

④昭穆：指宗族牌位按辈分关系排列。

⑤房：《汉典》释为"家族之一支，如：大房、长房等"。指宗族的房分、房头之类别。分房的标准，以父系血缘为主干，其家族经过父系继嗣，而分家后所产生不同兄弟分支系统。故此分成不同房派。英桥王氏兴旺发达，房系增多，且迁徙衍繁，均应作不同房系，予以录入。

⑥适子：即嫡子，指正室所生之子。相对于庶子而称。

宗祠例。

半山墓祭，旧皆合祀于乐善翁茔前，窀穸^①既繁，而飨无加边，是诚哀于物簿也。兹令樵云翁七派子姓，更领其事，惟祀乐善翁、樵云翁，暨平字行六翁。大宗一裔仍设二卓，两旁以为无后者祔。食祭毕，则子姓各分祭于其墓，匪^②惟远渎礼之嫌，而人皆得以申其敬矣。

凡庶母祭于私室，终其子不及其孙礼也，然有子先母卒而不及祭者，则何如？曰：其孙既以父而服之，则亦宜以父而祭之，止于一世。此可以义起者也。

《礼》曰："君子有终身之丧，忌日之谓也。"盖自孝子而言。今依家礼，父母之忌，必荐祖考之忌，嫡孙荐焉，俱不许假飨馂为由，饮酒食肉，又说礼者谓。凡遇忌日，必于先祖父神位前焚香，再拜，有哀戚之容。蔬食一日，凡五世以内之子孙，皆所当行，庶不失追远^③之意。

---

①窀穸（zhūn xī）：墓穴。
②匪：非。
③追远：语出《论语·学而》："慎终追远。" 邢昺疏："追远者，远谓亲终既葬，日月已远也，孝子感时念亲，追而祭之，尽其敬也。"即虔诚祭祀怀念祖先之义。

解读：

丧祭制度，为旧时宗法社会的一个重要内容，上自朝廷下到民间，无不尽然。中国人讲究祖先崇拜、慎终追远，在这样的文化背景下，形成一整套规制，对于一个家族而言，再正常不过。英桥王氏亦不可避免。却能因之不可避免，而着力突出哀思之情，又不流于薄俗，着力挖掘古礼内涵，规范其服绋和丧仪的简易而使之肃穆流程。《丧祭》篇就是最有力的仪式规范体现。

王氏家族因为自身的发展以及相应的文化官宦背景，在家族内形成了在今天看来颇显复杂烦琐的祭祀制度，一定程度上与其在当时的社会地位有相应的匹配性以及表率之功用有关。均需要从历史发展的视角来把握，来评价。

随着宗法社会的解体，从今天的眼光来观，如此烦琐的祭祀礼制是否有存续的必要，这另当别论。但透过这一套完整的礼制可以观照当时社会包括多个层面深义。不管是从非遗的角度，还是从家族（社会）治理层面，或者是民俗层面，都有可进行学理方向的研究与社会基层治理探讨的空间及其价值。

内治第八①

叙曰：家人利女，贞祚②之兴，岂惟男教？盖亦由女德焉。女之弗贞，家用之索③。

---

①本篇章主要陈述家庭内治规范与具体要求，及妇女应该具备的德行素养，包括谒祠和新娶、将嫁等的具体规定。

②贞祚（zuò）：贞，贞洁，美好；祚，天赐，福运。

③索：尽，空。有"牝鸡司晨，惟家之索"。出自《尚书·牧誓》，喻指女性掌权，颠倒阴阳，不利于家国。此句意指女德要明理敬慈、和顺惠爱。

述内治

　　妇德以和顺为本，若顺于舅姑①、宜于夫子，而家庭雍睦，虽贫亦乐，未必非福。若妇姑勃奚②，夫妻反目，而家庭悖戾，虽富亦忧，未必非殃。故吾族为夫者，须谕其妻执妇道，本之以和顺，加之以勤俭，斯妇道顺备矣。有能备妇顺者，没③则传之；有不顺者，闻者责其夫，削其氏于谱。若秽行彰闻，族长会聚，告于祠，遣归本宗。其夫在者责其夫，出之。

　　古人有言："家之离④，起于妇人。"盖人家父子、兄弟本同一气，无不亲爱者，皆由娶妇之后，人怀其私，遂生异念；唇吻相稽⑤，积成间隙。此固咎始妇人，亦由为丈夫者不能以义自胜，有以启之也。若能友爱不衰，一闻间言，即严拒绝，彼复能置喙⑥耶！故曰："妇人长舌，男子刚肠，此吾之自克耳！"

　　节妇之志，与忠臣同，而贫苦无告者为尤难。吾族有孀居苦节者，生则厚恤，死则厚殓，曰："节妇某氏之墓，群奠之，群葬

---

①舅姑：指公、婆。
②妇姑勃奚：指婆媳争吵不和。奚，亦作溪。
③没：同殁。亡故。
④离：谓离心离德，家庭不睦。
⑤唇吻相稽：指各不服气，口舌之争。
⑥置喙（huì）：指插嘴，参与口舌争论。

之，志①于谱。"

凡元旦妇女谒祠，用年幼礼生二人唱礼。候巳刻②，男子既退，鸣鼓三通，长幼咸集。拜主毕，尊卑以次，分班③交拜。拜毕，读《女训》，训曰：

孝顺舅姑，妯娌相和；教训尔子，敬顺其夫；惠爱亲戚，善视婢奴。

毋好便安，毋相妒忌，毋私货财，毋间同气，毋听谗言，毋竞华丽。

古有三从，亦有七去④；从善则吉，从恶则恶祸。循⑤此训辞，庶为贤妇。

凡妇女谒祠，其衣服首饰，俱宜朴素，不许竞耀华丽，使贫者或生愧心，遂废礼。

凡新娶之妇，七日后入谒于祠；将嫁之女，三日前入辞于祠。俱用果酒、香烛行礼⑥。

①志：记录，记载。
②巳刻：上午的10到12点。古代一昼夜划分为十二个时辰，来确定各时间段。
③分班：分成队列有次序地进行。
④三从：未嫁从父，既嫁从夫，夫死从子。七去：即七出。《大戴礼记•本命》："妇有七去：不顺父母，去；无子，去；淫，去；妒，去；有恶疾，去；多言，去；窃盗，去。"均为封建之礼。
⑤循：遵循。
⑥礼：礼仪。即拜谒和辞谢的礼仪。

解读：

本篇章主要讲述家庭内治，保持和睦，与妇女在家庭所应扮演的角色，及其发挥的独特作用。

《内治》篇认为，妇女应"以和顺为本"，且进一步指出，"若顺于舅姑，宜于夫子，而家庭雍睦；虽贫亦乐，未必非福。"这是肯定方面。否则，容易陷入"夫妻反目、家庭悖戾"而"未必非殃"的结果。这是否定方面。这固然有违于女性的独立性因素，但从历史客观发展来看，由于生产力和社会关系的局限，应予以历史阶段的含义的评价，承认其积极向上的价值。

同时，也应该理解随着时代进步，理性思维的进一步确立，在充分尊重女性独立价值、作用和意义的同时，也必须分清男女生理和心理的差异，认识家庭的不同角色。只有这样，才能正确判断和评价。当然，一些过分歧视妇女地位和作用的言辞，比如"三从七出"之类，必须予以剔除其糟粕因素和消除其不良影响。这些需要读者有所辨别，并引以为戒。

篇章还有妇女谒祠、辞祠等礼仪性规则，就赋予的仪式感来说，至今依然值得借鉴。

嘉言第九①

叙曰：书称古训，惕②示前言；缘事垂规，咸基至理。虚心以观，反身而体之，皆药石③也。

也 而 靈 垂 惕 叙
癸 體 心 規 示 曰
卯 之 以 咸 前 書
孟 皆 觀 基 言 稱
秋 藥 反 至 緣 古
裔孙王昕敬书 石 身 理 事 訓

①本篇章主要陈述古先贤大儒的治家格言和修身养性至理名言，以为族人之人生垂范，虚心己观，而养吾浩然正气。
②惕（tì）：恭敬。
③药石：泛指药物。寓意嘉言规诫有利身心。

述嘉言

　　范文正公①为参知政事时，告诸子曰："吾吴中宗族甚众，于吾固有亲疏；然吾祖宗视之，则均是子孙，固无亲疏也。苟吾祖宗之意无亲疏，则饥寒者，吾安得不恤也！自祖宗来，积德百余年；而始发于吾，得至大官，若独享富贵而不恤宗族，异日何以见祖宗于地下，今何颜入家庙乎！"于是，恩例俸赐，常均于族人，并置义田宅②云。

　　推有余以济族，此慕义强仁者，犹或能之至。考《义田记》谓："公虽位充禄厚，而贫终其身，殁之日，身无以为敛子，无以为丧独，以施贤活族之义遗其子。"此则至公无我之心，在君子以为难。高义绝尘，可慕可赏。

　　诸葛武侯③《诫子书》曰："君子之行，静以修身，俭以养德。非淡泊无以明志，非宁静无以致远。夫学须静也，才须学也，非学

①范文正公：即北宋一代名臣、文学家范仲淹，曾官拜参知政事，推行"庆历新政"。
②义田宅：指范仲淹首创义田、义庄制，普济宗族，引领时尚，历代令人激赏、敬畏和推崇。
③诸葛武侯：即诸葛亮，任蜀丞相，鞠躬尽瘁，死而后已，为一代忠君楷模，前、后《出师表》感天动地，千古名文。

无以广才，非志无以成学。慆慢则不能研精，险躁则不能理性。年与时驰，意与岁去；遂成枯落，悲叹穷庐，将复及也！"①

淡泊以养志，宁静以养心，内外交养也。慆慢则肆于外，险躁则肆于内，心气交病②也。学者时时省察，德其有不进乎？否则，时驰岁去，甘咸枯落，犹之可也！甚则恣肆憸③诞，祸至杀身，犹不已也！

伊川先生④曰："人之处家，在骨肉父子之间，大率以情胜理，以恩夺义。惟刚立之人，则不以私爱，失其正理。故家人卦大要，以刚为善。"

家道尚和，而必以刚者为家主言之也。惟刚克则私不行，私不行则和可保。否则，溺爱狥情⑤，失其家节，欲保终睦，其可得乎？然所谓刚者以理自胜，非徒严厉为也！

伊川先生甚爱《表记》⑥："君子庄敬日强、安肆日偷⑦之语，盖常人之情。才放肆，则日就旷荡；自检束，则日就规矩。"

---

①此两句与诸葛亮《诫子书》略有出入，原句为：淫慢则不能励精，险躁则不能治性。年与时驰，意与日去，遂成枯落，多不接世，悲守穷庐，将复何及。慆（tāo）慢：怠慢懒惰；险躁：轻薄浮躁。
②心气交病：身心疲惫，气血不足，必然生病，而令人担忧。
③憸（xiān）：奸邪。
④伊川先生：即一代大儒、北宋著名思想家程颐。
⑤狥（xún）情：曲从私情。
⑥《表记》：乃《礼记》之重要篇章，予人教诲深入浅出，启迪心灵。
⑦日偷：语出《礼记・表记》。指日渐苟且怠惰或言日益衰弱。

曰放肆，曰检束，惟在此心。此心不存，譬如一座空房，而主人翁不在谁为管？故惟求放心，以为此身之主则不流为旷荡，而日规就矩矣！

伊川先生曰："君子之于人也，当于有过中求无过，不当于无过中求有过。"此意何等忠厚！以此存心，以此待人，何往不臧①耶！世之好议论人长短者，服之可以省戒。

胡文定公②曰："人须是一切世味淡泊方好，不要有富贵相。"此于膏粱子弟③最要记念。学者骤得志，顿忘贫贱，即志骄侈，以丧名辱身，盖不足言也。作富贵相亦有数端，或衣服，或饮食，或气象，或仆从，或居室，随在作病④，不可不察。

司马温公⑤曰："凡议婚姻，当先察其婿，与妇之性行，及法家⑥何如。勿苟慕其富贵，婿苟贤矣，今虽贫贱，安知异时不富贵乎？

①不臧（zàng）：不良，不善；尤为不吉不利。语出《诗·邶风·雄雉》：不忮不求，何用不臧。

②胡文定公：即胡安国（1074—1138），又名胡迪，字康侯，号青山，谥号文定，学者称武夷先生，后世称胡文定公。建宁崇安（今福建省武夷山市）人，北宋学者，开创"湖湘学派"。其所著《春秋传》，成为后世科举士人必读的教科书。

③膏粱子弟：指娇生惯养的富贵子弟。

④作病：喻指心态作怪，不合常理。各种所谓装富贵的精神、心理、姿态，其出发点有错，思想情感、言行举止和日常表现均不符合社会规范和人们评判标准。

⑤司马温公：即北宋政治家、史学家司马光。追赠太师、温国公，故称司马温公。主持编纂有《资治通鉴》一书。

⑥法：规范料理，此处作动词用。法家，即规范料理家庭事务，管理家庭成员。

苟为不肖，今虽富盛，安知异时不贫贱乎？妇者，家之所由盛衰也。苟慕一时之富贵，而娶之彼，挟其富贵，鲜有不轻其夫，而傲其舅姑，养成骄妒之性，异日为患，庸有极乎！借使①因妇财以致富，依妇势以取贵，苟有丈夫之志气者，能无愧乎！"

此段论择婿择妇，曲尽世情，曲尽道理，曲尽流弊，凡有家者不可不深省也。

法昭禅师偈云："同气连枝各自荣，些些言语莫伤情。一回相见一回老，能得几时为弟兄？"词意蔼然，足以启人友于②之爱！予尝谓③："人伦有五，而兄弟相处之日最长。君臣之遇合、朋友之会聚久远，固难必也。父之生子、妻之配夫，其早者皆以二十岁为率。惟兄弟或一二年、或三四年相继而生，自竹马游戏，以至鲐背鹤发，其相与周旋④，多者至七八十年之久，若恩意浃洽、猜间不生，其乐岂有涯哉！"

此偈言虽近俚，实切世情，不独可施于兄弟，夫人能念人生相与⑤之无几，则计较、忿戾⑥之心，自然消释矣。

①借使：假使，假如。
②友于：指兄弟友爱。
③予尝谓：此处三字之前原文留有"尝谓"二字，应属于衍文，予以删去。
④此句出自（明）陈继儒《读书镜》第四卷："自竹马游戏，以至鲐背鹤发，其相与周旋。"鲐（tái）背：谓老人背上生斑如鲐鱼之纹，为高寿之征。引《尔雅·释诂上》："鲐背、耇老，寿也。"郭璞注："鲐背，背皮如鲐鱼。"
⑤相与：相处，互相交往。
⑥忿戾（fèn lì）：此处指愤恨。

罗景纶①先生曰："予尝谓，节俭之益非止一端，大凡贪淫之过，未有不生于奢侈者，俭到不贪不淫，是可以养德也。人之受用，自有剂量，省啬淡泊，有久长之理，是可以养寿也②。醉醲饱鲜，昏人神志；若素食菜羹，则肠胃清虚，无滓无秽，是可以养神也。侈则妄取苟求，志气卑辱；一从俭约，则于人无求，于己无愧，是可以养气也。故老氏以为宝。"

善推明俭德，读之令人嗜欲之心顿减，有家者念之可以戒奢，可以窒欲；然而俭有礼，乃可贵。若多藏厚积不能以义用之，直守钱虏③耳，非真能俭者也。

罗景纶先生曰："予尝论俭有四益，勤亦有三益。盖民生在勤，勤则不匮④。一夫不耕，必受其饥；一妇不蚕，必受其寒。是勤可以免饥寒也。农民昼则力作，夜则颓然甘寝，故非心淫念，无从而生。晋公父文伯之母⑤曰：'瘠土之民，莫不向义，劳也。'渊明⑥诗曰：

①罗景纶：即罗大经（1196—约1252），字景纶，号儒林，又号鹤林，南宋吉州吉水（今江西省吉水县）人，南宋理学家、文学家。著有《鹤林玉露》等。
②受用：需要。淡泊：清淡寡味。人这辈子需要的，一定是有限量的、清淡的饮食，才能常葆健康，才可以长寿。虽言饮食，实则谈论养德、养气、养神。
③直守钱虏：只不过守财奴之谓罢了。
④匮（kuì）：不足。语出《左传》："民生在勤，勤则不匮。"
⑤公父文伯：姬姓，名歜（chù），春秋时期鲁国三桓季悼子之孙，公父穆伯的儿子。公父文伯之母：敬姜，齐侯之女，谥敬，姓姜。乃季康子之祖母。
⑥渊明：即陶渊明，陶潜。东晋末到刘宋初杰出的诗人、散文家，被誉为"隐逸诗人之宗""田园诗派之鼻祖"。该四句，选自陶渊明《庚戌岁九月中于西田获早稻》一诗。略有出入，原书末句作"而无异志干"，径改。

'田家岂不苦？弗获辞此难。四体诚乃疲，庶无异患干。'是勤可以远淫辟也。户枢不蠹，流水不腐。周公论三宗文王之寿，必归之《无逸》[①]。吕成公[②]释之曰：'主静则悠远博厚，自强则坚实精明，操存则血气循轨而不乱，收敛则精明内守而不浮。是勤可以致寿考也。'"

说勤之益，莫善于此。人能念之弗怠，以之为学，则学进；以之居官，则官理。岂但保家而已乎[③]！

王梅溪先生[④]《待士说》曰："有言邑大夫不待士者，予曰：'子何如知之？'曰：'有讼于庭者，箠楚[⑤]之辱及焉！'予曰：'此士之不自待，非大夫不待士也。'为士者，服诗书，精业履，圣贤之是师。臭味之与游，谨门户，时租税，忍焉以省讼，慎焉以远褐。俾足迹不及于公门，而官吏稀识其面目，虽柳下惠之弟为邑大夫，焉能辱儒冠，而陷之虎口耶？彼冠焉而士，行焉而市，旁午里巷，

---

①《无逸》：《尚书》的一篇。相传是周公所作，告诫周成王的一篇谈话。

②吕成公：即吕祖谦（1137—1181），字伯恭，婺州（今浙江省金华市）人。世称"小东莱先生"。南宋理学家、文学家。主张明理躬行，学以致用，反对空谈心性，开"浙东学派"之先声。

③此段指出"勤"之修身养气，颐养天年；更阐明保家安民的大道之行。故而言："说勤之益，莫善于此。"

④王梅溪先生：即王十朋（1112—1171），字龟龄，号梅溪。温州乐清（今属浙江）人。绍兴二十七年（1157），以"揽权"中兴为对，被宋高宗亲擢为进士第一（状元）。南宋时期政治家、文学家。

⑤箠（chuí）楚：本指棍杖之类，引申为拷打。箠，同棰、槌。

而恶少与曹，争竞富力，而狱讼以兴，朝投刺以识面，暮求判以欺愚，虽使周成王之叔父为邑大夫，讵①可望其施吐握之理②耶？大夫非能重士也，士实自重；非能轻士也，士实自轻。顾其自待者如何？邑大夫何责焉！"③

　　上设礼义待士，而奖恬退士，以廉耻自婴④而惜名节。斯上下交相成，而天下有风俗矣。此说专责士人反己之道、探本之论也。秦始皇之坑儒、汉高帝之嫚士，咸推二君，尤以先生之说推⑤之，则当时策士亦当分任其责也。

　　王阳明⑥先生曰："古之教者，教以人伦，后世记诵辞章之习起，而先王之教亡；今教童子惟当以孝弟⑦、忠信、礼义、廉耻为专务。其栽培涵养之力，则宜诱之歌诗，以发其志意；导之习礼，以肃其威仪；讽之读书，以开其知觉。今人往往以歌诗习礼为不切时务，

①讵：岂，哪里。

②吐握：语出"一餐三吐哺，一沐三握发"。即指尽心辅佐，毫无半点懈怠。寓意一个人很贤能，很尽责。

③此节，通过王十朋的一段文章，阐明做人为官之道，喻指宗族人等要时刻注重个人修养，增强见识，终身实践，善始善终。

④婴：萦绕，羁绊。引申为坚守。自婴：即自律。

⑤推：推演、推导。

⑥王阳明：即王守仁（1472—1529），字伯安，号阳明，又号乐山居士，浙江余姚人，明朝杰出的思想家、文学家、军事家、教育家。提出"心即理"的命题，断言"心外无物，心外无事，心外无理"。主"致良知"说，认为"良知"即"天理"，强调从内心去体察天理。有《王文成公全书》传世。

⑦弟：即悌（tì），亲近，顺从。《孟子·滕文公下》有"入则孝，出则悌"句。

此皆末俗、庸鄙之见，焉足知古人立教之意哉！大抵童子之情，乐嬉游而惮拘检①，如草木之始萌芽，舒畅之则条达，摧挠之则衰痿。今教童子必使其趋向鼓舞，中心喜悦则其进自不能已，譬之时雨春风被沾草本，莫不萌动发越，自然日长月化；若冰霜剥落，则生意萧索，日就枯槁矣。凡诱之歌诗者，非但发其志意而已，亦所以泄其跳号，呼啸于咏歌，宣其幽抑结滞于音节也。道之习礼者，非但肃其威仪而已，亦所以周旋揖让而动荡其血脉，拜起屈伸而固束其筋骸也；讽之读书者，非但开其知觉而已，亦所以沉潜反复而存其心，抑扬讽诵以宣其志也。凡此皆所以顺导其志意，调理其性情，潜消其鄙吝，默化其粗顽，日使之渐于礼义而不苦其难，入于中和而不知其故是②。盖先王立教之微意也。若近世之训蒙稚③者，日惟督以句读课仿④，责其检束而不知导之以礼，求其聪明而不知养之以善；鞭挞绳缚若待拘囚，视彼学舍如囹狱而不肯入，视师长如寇仇而不欲见。窥避掩覆⑤，以遂其嬉游；设诈饰诡，以肆⑥其顽鄙。偷薄庸劣，日趋下流。是盖驱之于恶，而求其为善也，何可得乎？"

----

①拘检：拘束。
②此句富有深意，可解为：（使孩童）慢慢接受礼义的教化而不觉得是件苦事难事，在不知不觉中达到通情达理的通达、中庸境界。
③稚（zhì）：同稚。
④课仿：课业练习。
⑤窥避掩覆：窥探逃避、掩藏覆盖。
⑥肆：放肆，肆意妄为。

训蒙之说，可谓美且尽矣，不惟切中时弊；而作圣之功，实基于此。凡设家塾者，宜书一通①于座右。

王阳明先生曰："今人病痛，大段②只是傲。千罪百恶，皆从傲上来。傲则自高自是，不肯屈下人。故为子而傲，必不能孝；为弟而傲，必不能弟③；为臣而傲，必不能忠。象之不仁，丹朱之不肖④，只是一'傲'字，便结果了一生。做个极恶大罪的人，更无解救得处。汝曹为学，先要除此病根，方才有地步可进。'傲'之反，为谦。'谦'字便是对证之药，非但是外面卑逊，须是中心恭敬，撙⑤节退让，常见自己不是，真是虚己受人。故为子而谦，斯能孝；为弟而谦，斯能弟；为臣而谦，斯能忠。尧舜之圣，只是谦到至诚处，便是允恭克让、温恭允塞⑥也。汝曹勉之、敬之，其毋若伯鲁之简哉⑦！"

知傲之祸，知谦之益，趋舍⑧之分定矣。大抵骄傲之祸，多

---

①一通：表数量或动量。犹一遍、一次、一阵、一番，均可。

②大段：大多。

③弟：同悌。

④象、丹朱：均为古代不仁不肖之子孙。象，是舜帝的同父异母哥哥；丹朱，是尧帝的长子。均因品行不端，而遭废弃。

⑤撙（zǔn）节：节制。

⑥允：诚实。塞：笃实，踏实。

⑦伯鲁之简：春秋时期，著名政治人物赵简子伯鲁因谨记竹简家训，而顺利接任的典故。

⑧趋舍：即取舍，引申为好恶。

生于有所挟，亦习养之所致。挟之者，或以才华、或以禄位，皆由学之不讲而内无所见。《书》曰："位不期骄。"①谚曰："桑修从小抑，长大抑不屈。"②此人家子弟所以责学，而父兄之教子弟，不可不谨于幼龄也。

①位不期骄：指地位高了，就会骄傲。语出《书•周官》："位不期骄，禄不期侈。恭俭惟德，无载尔伪。"
②此句，乃为古谚语。亦有讲："桑条从小抑，长大抑不直。"均指桑树需要从幼苗开始整理，喻指人的教育也要从小培养；否则长大了，就不很容易矫正。

解读：

《嘉言》篇主要搜罗整理历代先贤的经典故事和言论文献，如：诸葛武侯（诸葛亮）教子劝学、范文正公（范仲淹）义田求仁、伊川先生（程颐）正理立刚、司马温公（司马光）择婿识品、法昭禅师同气相应、罗景纶（罗大经）节俭主静、王梅溪（王十朋）重士成礼、胡文定公（胡迪）世味方好、王阳明（王守仁）戒傲训蒙等，及其关于善言训导的一一剖析，来论述立身、读书、做事、修业、待人、训蒙的基本道理，以为宗族长幼所应予遵循和恪守的日常之功。时代在不断发展，而其内在之理一也。人生一途，亦莫不如此。道理虽浅近，却事事契合本质、句句切中世情。理得方心安，守正可创新。

做人切忌"傲"字，读书最贵"静"字。淡泊方好，深明大义。自重更从自我做起，非他人轻，而自轻也。这些话语，永不过时，至今听来依然振聋发聩，具有现实的启迪和教育作用。

窃惟半生，如同白驹过隙；而致业无成，恨难专精。凡事蜻蜓点水，浅尝辄止，不见深厚；读书做事，流于俗套，断少新意。而今读东厓公嘉言篇，醍醐灌顶，转念一想，一人计不如众人计，与仁义者成德，求高明者释惑，以有所教益，则能发本心，能立新户，亦成天地一良心也。《族约》从先贤处觅得哲理精髓，训导启示宗族子弟，要从小做起，从身边做起，知行合一，恪守至理箴言，久久为功，方得始终！

善行第十①

叙曰：景行②可师，慕义乃劝。先哲之懿行，后人之标表也。是则是效，吾族其有兴乎！

乎 癸卯孟秋 裔孙王昕敬书
傲吾族其有兴
标表也是则是
之懿行后人之
慕义乃劝先哲
叙曰景行可师

---

①本篇章主要通过历代行善积德的典型案例和故事，并予以恰当引述，阐明人生的价值、道义的高远、事业的恢宏。
②景行：高尚的德行。语出《诗·小雅》："高山仰止，景行行止。"汉郑玄笺："古人有高德者则慕仰之，有明行者则而行之。"

述善行

　　张公艺①，九世同居，北齐、隋、唐皆旌其门。麟德中，高宗封泰山，幸其宅，召见公艺，问其所以能睦族之道。公艺请纸笔以对，乃书"忍"字百余以进。其意以为宗族所以不协，由尊长衣食或有不均，卑幼礼节或有不备，更相责望，遂起乖争。苟能相与忍之，则家道雍睦矣！

　　"忍"字固处家要道，家众相聚，是非得失，苟不相忍，乖争之祸所由起，而家之所由离析也。是故家众保众，以忍为上。若家长治家，是非曲直断之理，而裁之义，否则丽之法而闻之官、治之典刑，家乃肃齐②。是故忍也者，为家众言之也。

　　崔孝芬③，魏孝文时，兄弟孝义慈厚，孝晖等奉孝芬尽恭顺之礼，坐食进退，孝芬不命则不敢也。鸡鸣而起，且温颜色，一钱尺帛不入私房，吉凶有须，聚对分给，诸妇亦皆亲爱，有无共之。能致一

---

①张公艺（577—676）：郓州寿张（今河南台前县孙口镇）人。古代著名寿星。历北齐、北周、隋朝、唐朝，多次受到朝廷旌表。作为治家有方的典范，家族九代同居，合家九百余人，团聚一起，和睦相处，倍受历代人民敬仰，传为美谈。
②肃齐：指（全家）整然有序，和睦相处。
③崔孝芬（485—534）：字恭梓，博陵安平（今河北省安平县）人。北魏时期重臣，博学多才，善写文章，深得孝文帝器重。下文一段见元胡炳文撰《纯正蒙求》卷下"孝坊给钱"一节。相关事迹《魏书》卷五七有载。

钱尺帛不入私房，公之极也；诸妇之相亲爱，公之化也。

唐李珏[①]，世居江阳，贩籴为业。珏既代父，人来籴者，授以升斗任自量，不计时之贵贱，一斗只求两文利。岁月既深，衣食甚丰，父曰："吾之所业，同流无不用升斗出入，出轻入重以规利；吾但一升斗出入皆用之，自谓无偏。汝今更出入，任之自量，而衣食丰给，岂非神明之助也？"宰相李珏出镇淮南，珏避姓名之嫌，乃更名宽。李珏下车后，梦入一洞府，见翔鸾鹤舞、彩霞瑞云、楼阁连延，石壁上金子列入姓名有李珏，字长尺余，珏视之大喜。有仙童出曰："此华阳洞天，姓名乃相公江阳部民，非相公也。"珏觉叹惊，令府城访求同姓名者，军营、里巷相推，知宽旧名珏。迎至静室，以梦告之。敬事月余，问其平生所修何术，愿以相授。宽言愚民不知所修，因具贩籴以对。珏再三咨嗟，曰："此常人之难事，阴功不可及也！"宽后百余岁卒，相传为尸解云。

宋张咏[②]，镇蜀时，梦谒紫府真君。接语间，吏报请到西门黄兼济承事。黄幅巾道服，真君降阶，迎接甚谨，且揖张坐，承事下

---

① 李珏：唐代著名的修道成仙之士，广陵江阳人。世代以贩卖粮食为业，却广积道义，生意兴隆，远近闻名。后因与节度使同名，自改为李宽。世传厚德深义，成仙升天。原载"一夕卒，三日棺裂，视之如蝉蜕矣"。即谓解衣而升天。事见《道藏·茅山志之十六卷》。

② 张咏（946—1015）：字复之，号乖崖，谥号忠定，濮州鄄城（今山东省菏泽市鄄城县）人。诗文俱佳，是北宋太宗、真宗两朝的名臣，尤以治蜀著称。且好道术。有文集《张乖崖集》传世。

询顾详，欵①有钦叹之意。咏翌日命吏请黄君，戒令止以常服来此。至一如梦中所见，即以梦告之，问黄平生有何阴德，致真君礼遇如此。黄曰："无他长，但每岁禾麦熟时，以三万缗②收籴。至明年，艰食之际，即以元③籴斗，斛不增价，籴之在兼济初无损，而小民颇济所急。"咏叹曰："此承时所以居某上也！"命二吏掖持黄坐，索公裳拜之。黄后裔繁衍，仕路比比青紫云。

噫！李、黄之事，今城市田里间，有世业者有何难效哉！而学士、大夫家顾鲜④能之，此二人所以见重于神明也！

葛繁，大观中为镇江太守⑤，有一官员于京师铺中见一靴，是其父葬时物，诘之铺，翁云："适有一官人携来修，可候之。"有顷，果至，乃其父也。拜之不顾，但取靴乘马而去。随之一二里，度力不可及，乃呼曰："生为父子，何无一言见教？"父曰："尔可学镇江太守葛繁！"其子谒繁，言之，因问："何以为幽冥所重？"繁对曰："予始者，日行一利人事，或二、或三、或数四、或十，

---

①欵（kuǎn）：同"款"。恳切，诚恳。
②缗（mín）：一千文铜钱穿成一串，谓之一缗。
③元：同"原"，原来。
④顾：却，但。鲜：少。
⑤葛繁：号鹤林居士，丹徒（今属江苏）人。为范纯仁（范仲淹次子）同门。元祐元年（1086）五月，以通直郎知广德县事。崇宁间为许州临颍主簿，后知镇江府。官至朝散郎。无论在何处为官，葛繁均一心向善，日行一善，胜似日进斗金。"日行一善"这个典故，就是出自葛繁之口。故事即发生于大观（1107—1110）中，为北宋徽宗年间，时值葛繁任镇江太守。

今四十余年，未尝少废。"又问："何以为利人事？"繁指坐间踏子①，曰："此物置之不正，则蹩人足，予为正之；若人渴与之杯水，皆利人事也。但随其事，而利之上，自卿相下至乞丐，皆可以行。唯行之攸久，乃有利益。"后有异僧，见繁在净土②境中云。

凡日行利人事，此即立人达人之心，万物一体之意也。修行不怠，而仁不可胜用矣。有势位者，厥施易普，固当乘时作福。在凡人，则随其力量所及，以尽此心焉，可也！

晋咸宁中大疫，庾衮二兄俱亡。次兄昆复危殆，疠气③方炽，父母、诸弟皆出次于外。衮独留不去，诸父兄强之，乃曰："衮性不畏病，遂亲自扶持，昼夜不眠，其间复抚柩哀临不辍。如此十有余旬，疫势既歇，家人乃返。昆病得差，衮亦无恙，父老咸曰："异哉！此子守人所不能守，行人所不能行，岁寒然后知松柏之后凋！"始知疫疠之不能相染也。

庾衮之无恙，天佑之也，亦其友谊之笃、正气之充，而邪不能犯也。诸兄弟虽幸偷生，视之真愧死耳！且疫亦病也，何死者之独，众良友亲戚畏避，往来不通，阳气既衰，阴邪益炽重，以调燮④失宜，恶得不交死也！使以寻常之病处之，而竭力周旋其间，则疫之祸未

①踏子：亦作蹋子，即坐时搁脚的小几。
②净土：在佛教中是指一种纯净、无痛苦和烦恼的境界或世界。净土也被称为"极乐世界"或"西方净土"。此处指在佛教中所达到的阿弥陀佛所在的境界，也是一种追求解脱和成佛的修行目标。
③疠（lì）气：即疫毒、疫气。此指严重的流行病毒所导致感染发病。
④燮（xiè）：指协和、调和。《说文》从言，从欢。

必如此之烈。世人临小小利害，即至今不相顾视，庾衮可以愧劝矣①。

杨震②，少好学，受《欧阳尚书》于太常桓郁，明经博览，无不穷究，诸儒为之语曰："关西孔子。"杨伯起常客居于湖，不答州郡礼命数十年，众人谓之"晚暮"而震志愈笃。举茂才四迁荆州刺史、东莱太守。当之郡，道经昌邑，故所举荆州茂才王密为昌邑令谒见，至夜，怀金十斤以遗震，震曰："故人知君，君不知故人，何也？"密曰："暮夜无知者。"震曰："天知，神知，我知，子知，何谓无知？"密愧而去。后转涿州太守。性公廉，不受私谒，子孙常蔬食步行，故旧长者或欲为令开产业，震不肯，曰："使后世称为清白吏，子孙以此遗之，不亦厚乎！"永宁元年，代刘恺为司徒。安帝乳母王圣缘恩放恣，与樊丰等传通奸赂。震上疏前后切至，丰等遂共谮震。收震太尉印绶，遣归本郡。卒岁余，顺帝即位，樊丰等诛死，朝廷咸称其忠，乃下诏除二子为郎，赠钱百万，以礼改葬于华阴潼亭。先葬十余日，有大鸟高丈余，集震丧前，俯仰悲鸣，泪下沾地，葬毕乃飞去。郡以状上，帝感震枉，乃下诏使太守

---

① 此段故事，见载于《晋书·列传·第十五章》之"庾衮传"。赞颂庾衮救死扶伤、先人后己的高尚情操和置之度外、大义凛然的大无畏精神。

② 杨震（59—124）：字伯起，号"关西孔子""关西夫子""四知先生"，弘农华阴（今陕西省华阴市）人。东汉时期名臣，为官清廉，能担大任。其家族富贵绵延千余年而不衰，乃积德行善之故耳！《后汉书》有列传。

以中牢①具祠。

　　杨震者，汉东都名族也，四世为汉三公，咸有积德，有直声至唐中叶，复有于陵嗣复继位，通显无忝前人。夫杨氏之族，上自杨喜，高帝时有功封侯；敞为昭帝相。历汉、魏、六朝至唐，千年名族也。非积德之厚，曷②致之哉？抑亦子孙，奕世有人，不陨祖德也；否则祖德虽积，不肖子一人败之，无遗影也，可尚恃乎？是故祖德可积也，不可恃也！

　　窦禹钧，蓟州渔阳人，为谏议大夫，年三十无子。家童盗用钱二百千，有女，年十二三，写券系女臂云："卖此女价钱！"自是遁。禹钧怜之，焚券，嘱其妻善抚之。既笄，以二百千择良配。仆闻之，乃还，图禹钧像，晨兴祝寿。元夕于延庆寺阶侧，得遗银二百两、金三十两。旦诣寺，一人涕泣，至禹钧问之，对曰："父罪大辟，贷金银赎父罪，昨暮忽失去。"验实还之。同宗、外姻有丧不能举，为出钱葬之。凡二十七人，丧孤遗女贫不能嫁，为出钱嫁之；凡二十八人，故旧相知窘困，贷以金帛。俾之贩鬻，由禹钧而活者，数十家。四方贤士，赖举火者不可胜数。禹钧每谅岁入，除伏腊供给外，余皆以济人。家惟俭素，无金玉之饰，无衣帛之

① 中牢：祭祀时用羊、豕二牲祭品，这二牲即称为"中牢"。引《汉书·卷七·昭帝纪》："有不幸者赐衣被一袭，祠以中牢。"杨震赐以中牢祭祀，相当于给予卿大夫、诸侯的品级待遇。
② 曷：何。可解为怎么。

妾。于宅内建书院四十间，聚书数千卷。礼文行儒，延致师席，凡四方孤寒之士，有志于学者，辄听自至。后，禹钧梦祖父谓曰："汝三十，年无子，寿且促。数年来天曹以汝有阴德，特延算三纪，赐五子显荣。"后诸子登第。仪，礼部尚书；俨，礼部尚书；侃，左补阙；偁，左议谏大夫、参知政事；僖，起居郎。禹钧年八十二卒。八孙皆显贵[1]。

窦氏阴德之报，古今有也。君子为善，惟自尽其心耳，非为报也，善积天自报焉。五子八孙皆贵显，天之报禹钧至矣！禹钧子孙世修禹钧之德，窦氏之福未涯也。惜也禹钧之后，未闻如禹钧者也。又曰禹钧能济人赈贫，由家无金玉之饰，无衣帛之妾始也。如身自侈靡，且将自奉不给，乌[2]能济人？故昔人以俭为百行之本。

朱承逸居霅[3]之东门，尝五鼓[4]趋郡，遇骆驼桥，闻桥下哭声，视之有男子携妻，及小儿在焉，云："负势家钱三百千，息已数倍，督索无以偿，将併命[5]于此。"朱恻然，遣仆护其归，且自往其家，

---

① 窦禹钧：字燕山，蓟州渔阳县人，生于唐末，卒于后周。官至右谏议大夫，教子有方，名垂青史。《三字经》载"窦燕山，有益方，教五子，名俱扬"。窦禹钧是千百年来教子有方的典范，现在广东地区仍流行称父亲为"老窦"。
② 乌：相当于怎么、哪里。
③ 霅（zhà）：即霅溪，河川名，在浙江湖州吴兴区境内。此处代指吴兴城。因境内有霅溪而得名，成为吴兴区的别称。
④ 五鼓：即通常说的"五更"。相当于现在的凌晨3点至5点钟。
⑤ 併（bìng）命：舍命，即把命豁出去。

正见债家捍仆群坐于门。朱因以好言论之，曰："汝主以三百千钱之故，使四人死于水，于汝安乎？汝亟归告若主，吾当为代还本钱。"债家听命，如数付之。其人感泣，愿终身为奴婢。不听岁饥，承逸以米八百石作粥散贫。是岁，生孙，名服，熙宁登榜第二人，仕至中书舍人；次孙宏，亦登第。著名节，遂为吴兴望族^①。

代人偿债，虽若小善，惟逋^②债者被迫，势如倒悬^③，能代之偿焉，真如倒悬者得解也。是固天地鬼神所共佑也。作粥救饥，尤凶岁所急，彼小夫乘岁饥闭粜市厚，直视人死亡如无兴于己者，独何心哉！

徐孝祥居吴江同里，虽苫屋^④数楹，而树石自然幽胜，有田数亩，足以供饘粥而已。隐居好学，不求仕进，尚文好客，客至必留饮，以故岁常酿酒数石，而自奉则布衣草履，泊如也。一日，后园徐步，见树根一坎坍陷，谛视之，下有石甃，启之皆白金也。乃亟掩之，一毫弗取，人无有知者。几三十^⑤者，值至治壬戌，岁大歉，民不聊生，孝祥曰："是物当出世耶！"乃启其穴，物皆如故。日取数钱，收籴以散贫人，所全活者不可胜计，物尽乃已。女将适人，惟荆布还之，而于藏中之物，锱铢无犯。其子纯夫以明经发解，官至翰林供

①此故事见（宋）周密《齐东野语》卷七之"朱氏阴德"记载。朱氏，即朱承逸及其子孙之事迹。

②逋（bū）：拖欠。

③倒悬：指头脚倒悬之意。喻义为情形危急，处境困苦。

④苫屋：即茅屋。茅草盖的简陋房子。

⑤几：表示肯定数量的意思。三十：此处指时间过了三十年。

奉承旨。孝祥封如其官，寿至九十七而卒[1]。

　　见金三十年不取，真廉士也！不以遣女，而以之赈饥，可谓善用其财矣。仁且智，有后也宜哉！

　　伊川先生[2]状其母，曰："侯夫人事舅姑，以孝谨闻，与先公相待如宾客。先公赖其内助，礼敬尤至；而夫人谦顺自牧，虽小事未尝专，必禀而后行，仁恕宽厚。抚爱诸庶，不异己出，从叔幼孤，夫人存视常均己子。治家有法，不严而整。不喜笞扑奴婢，视小臧获[3]如男女，诸子或加呵责，必戒之曰：'贵贱虽殊，人则一也。汝如此大时，能为此事否？'先公或有所恕，必为之宽解；唯诸儿有过，则不掩也，常曰：'子之所以不肖者，由母蔽其过而父不知也！'夫人男六人，所存唯二。其爱慈可谓至矣。然于教之之道，不少假也。才数岁，行而或踣，家人走前扶抱，恐其惊啼，夫人未尝不呵责，曰：'汝若安徐，宁至踣[4]乎？'饮食常置之坐侧，常食絮羹，

----

①此故事，可参见（元）高德基《平江记事》记载。高本与此原本文字略有差异，以此原本为准，个别处另作更正与标注，即：原本作"寿至七十七"，高本作"寿至九十七"，比较符合行文含义。径以高本为准，改之。
②伊川先生：即程颐，与其兄程颢同学于名儒周敦颐，共创"洛学"，为理学奠定了基础，世称"二程"。他的学说以"穷理"为主，认为"天下之物皆能穷，只是一理"，"一物之理即万物之理"，主张"涵养须用敬，进学在致知"的修养方法，目的在于"去人欲，存天理"。著作传诵一时，明代后期与程颢合编为《二程全书》。
③臧（zāng）获：古时对奴婢的贱称。
④踣（bó）：跌倒。

即叱止之，曰：'幼求称欲，长当何如？'虽使令辈不得以恶言骂之，故颐兄弟平生于饮食、衣服无所择，不能以恶言骂人，非性然也，教之使然也。"①

二夫子之成德，岂偶然哉？有是母，有是子也。其曰："子之不肖，由母蔽其过而父不知。"此言尤切中时弊，世人禽犊之情，钟爱百端，唯恐不顺，养成骄戾之性，谓非母之过，不可也②！

①此段可见朱熹《近思录》之卷六"齐家之道"。阐明母教以不蔽过为上。
②非子之过，而教之过也。二夫人之成德，非偶然哉！女德之积，善行之成，是以切中时弊乎！王公谆谆教诲，越五百年依然振聋发聩，发人深省！

解读：

"先哲之懿行，后人之标表。"《善行》篇开宗明义地指出，"是则是仿，吾族其有兴乎！"即倡导族人要积极践行"景行可师""慕义乃劝"的先哲宏远而务实精神。努力实践嘉行，同兴王氏族门。

全篇逐节通过历史上传诵一时著名人物及其懿行事功，如：张公艺"九世同居"、李珏"平斗出入"、张咏"凡人修仙"、葛繁"亡父劝义"、杨震"大鸟哀泣"、窦禹钧"积德荣子"、朱承逸"善行族望"、二程"母懿德范"等系列故事，阐明了一个最普遍的道理：人生荣贵，实非天命，而乃人事。

篇章里总结道："凡日行利人事，此即立人达人之心。万物一体之意也！"故而，凡所谓嘉行懿德，亦不过为"尽此心焉可也"。是乃胜语，亦臻圣境。今古亦乎一体，不过人心可否体味，自有体味心，已成大半矣。王阳明有一阐发言，与众人共勉：

"心如浮萍，本乃自家身不稳，系于外表；外身在那儿，靠着内心细如发，方可格物世间一丝一毫。身心一体，惟之致知者。若心不定，万事非吉，何谓今生或来身？何谈圣心可处？"

以责人之心责己，恕己之心恕人，不患不到圣人之境界。凡做人做事需要点化；但不如自家化解者，才一了百了。不然，自己不心到，即使点化也不得其要紧多少。即须心心相印，方可设身处地，亦圣求之道。良知足，可于言谈；举止见，以证心声。先祖之心，此境清朗！

事親必孝事長必敬兄友弟恭夫義
婦正毋作非法而犯官刑毋恃富強
以凌貧弱毋好爭訟而擾門庭毋為
賭博以蕩產業毋縱淫僻以隕家聲
毋耽麴蘖以亂厥性毋習遊惰而忘
治生膽此訓誡實係廢興言之再三
爾宜深省

王昕　书

外 篇

　　王澈著演《王氏族约》刊刻过两次，因而就有两个《序》文，即：洪垣《序》和戴赏《重刻〈序〉》。《族约》之重，不仅深广于总内涵体大思精，而且更切近于务实诲化，力求践行，从而通过《户役事宜》《义田事宜》《义塾纪略》等，体现其落实宗族管理和社会实践的现实价值。王叔果、王叔杲秉先父之遗志，"复翼成之"，承先启后，得以进一步完善和落实到位。

　　此篇同时由《申举呈》《府县告示》等组成，以此说明一族之契约通过地方政府的颁布，实现其宗族事务和社会责任的有机融合，体现应有的针对性。《请记宗祠状》和《王氏宗祠序》说明《族约》之行，离不开宗祠建设初始本义。

　　全部录文形成了一个比较齐备的一族契约之气象和格局，相互独立，又有机融合，成为一地之望族英桥王氏经典文献。因与内篇不可分割，故而命之外篇。内、外篇互为表里，相辅相成，共同铸就宗族家风建设浑然一体构架。

　　孔子云："礼失求诸野。"中华之历史，仁义必求诸礼乐。其理何在？礼所何求？礼是儒家之要畴，指上下有别，尊卑有序，和睦相处，修身齐家，治国平天下。礼与法而相对者也。所谓礼与法，礼乃社会道德教化之工具，法则是事后之惩罚。正如《大戴礼记·礼察》所言："礼者禁于将然之前，而法者禁于已然之后。"因之礼成而见君子，法端必有盗贼也。《论语》故曰："恭而无礼则劳，慎而无礼则葸，勇而无礼则乱，直而无礼则绞。君子笃于亲，则民兴与仁；故旧不遗，则民不偷。"本质言之，五千年中华文明，礼义根植朝野，永无止境。自社稷乃至黎庶，至于宗族，无不与人性教化之功德修为相绵延。澈公《族约》之常备，时不我待，亦承恩祖德之不泯焉。《呈》文和《告示》，关于户役、义田和义塾，以及《序》《记》《状》相得益彰，不正是"礼求于野"之有力明证？亦谓中华优秀文化传承根脉之稳如磐石，生生不息！

申举《族约》呈^①

温州府儒学生员王等呈：为振举族约，以敦民风事，窃惟《周官》九两^②必以族而得民。《大学》："八条不出，家而成教。"顾门内之治，尝掩于恩，而族众之情，当约以礼，使能讲信修睦，用不犯于有司，庶几弭讼息争，亦有裨于风化。

缘某家传世颇远，系姓实蕃，爰有故伯东厓少参留心合族，肇建宗祠，适因前守觉山洪公敷化迪民，而颁行教范，乃演著《条约》训诫若干款，并遵立族正纠讼，若而人凡有纷争，则聚众听于祠，以凭裁处；如其顽梗，则呈具于官，以示戒惩。岂曰为政于家，抑亦因人成业事！奉行惟谨，积有岁年，礼让之风，颇刑乡族。但人情易至于玩怠，而良法每废于因循，苟非振举之有人，岂能遵行之无斁^③？欲申夙典，幸际明公仰籍威灵，庶乎有所兴起，

---

①呈：申报呈文，指下级对上级申报的一种文书形式。
②九两：语出《周礼·天官·大宰》，即："以九两系邦国之民。一曰牧，以地得民；二曰长，以贵得民；三曰师，以贤得民；四曰儒，以道得民；五曰宗，以族得民；六曰主，以利得民；七曰吏，以治得民；八曰友，以任得民；九曰薮，以富得民。"郑玄注："两，犹耦也。所以协耦万民。"贾公彦疏："使诸侯与民相合耦而联缀，不使离散，有九事，故云以九两系邦国之民也。"此处指合族规范。
③无斁（yì）：不厌烦。

祗承德意，敢不奉以周旋。

　　为此具呈，并将刊过《族约》奉览，伏乞详示批允，付族正、司讼、司纠某等遵照施行。

府、县告示

温州府告示

温州府为振举《族约》①，以敦民风事，照得颍川雍睦②，化于而乡。君陈孝友施于有政，睦族范俗，诚有如所呈者。再览《族约》条款颇详，风化攸系，匪惟缙绅家之楷范，实为有司者所乐闻。使非著实举行，未免虚循故事，诸生王某等来意亦嘉，拟合出给告示，载申前约，仰族正③王某等收照，以便遵守。

凡系尔乡族众人等合遵《条约》，退无异心。倘能敦族辑众，必致讼简民淳，亦为政之一助云。中间果有奉行善可稽录，即登约簿呈来，以礼赏劝；或有不肖故违，亦宜丁宁④诚谕，务俾心服。果系累恶不悛，指实类呈，以凭从重究治。其族正、司讼、司纠，各宜正心率物⑤，秉公戒私，以副尔家乡先达之意，毋得因而偏党行私。有乘舆情取咎不便，须至告示者。

---

①此为温州府发布《〈族约〉告示》。
②颍川：指以颍川陈氏为郡望的名门望族，起源于颍川县（今河南省许昌市禹州市）。以汉末名士身份起家，代代相传，名副其实。雍睦：即雍睦堂，为颍川陈氏堂号。
③族正：宗族推选的名望最高者，并承担应有的主持和裁决事务。
④丁宁：犹作"叮咛"，指再三嘱咐。
⑤正心率物：指公正办事。率：做，做事。

永嘉县告示

　　永嘉县为振举《族约》^①，以敦民风事，照得治国以齐家为先，使民以无讼为贵。维尔大家有此盛举，不惟敦崇和睦，使闾里乡风抑可销息斗争。为官司省事，拟合出给告示，申明前约。仰族正王某等，照依族约，具载事理，着实举行。

　　凡尔族众各宜涤心向化，共守宗训，以远罪寡过，有不平事具白司法，会族正司纠等听于宗祠。其或理直受抑，宗祠不能平者，赴县陈告，状尾列写族正、讼纠等名，并押花字，乃为准行。仍许族正自备小印记，用于首状，以防诈冒事。大者本县提问，小者批付司讼，会众审明，具由回报。如有累恶、恃顽不服训诫者，指实呈来，以凭从重究治。

　　其族正讼纠等，宜念尔家立法及有司作兴之意，务要守法奉公，平心正己，庶可厌服族众，表率乡闾，以副尔家诸贤达之意；毋得狗情挟私，有孤^②盛举。须至示者。

---

①此为永嘉县发布《〈族约〉告示》。
②孤：古同"辜"，辜负。

《王氏族约》序

洪　垣[①]

浙之称大家者，惟浦江郑氏[②]，盖以义规为可尚云。其谨朴循礼，制度严密，虽为一家之训，而国脉民风系焉。然民风之正，以士风昌之，予叹不可复见也。

今少参东厓王公推予民范之意，广宗约，首诸乡邦，以祀事联族党，以族党修礼义，以礼仪闲[③]内治，以内治施有政，以有政措官刑。而棐[④]国宪率皆约乎体要，以循吾衷，洽诸人人而不可倦，岂非重士以为民俗倡也？

夫古者宗法立，而风俗淳；忠义出，而朝廷尊。至唐颜氏[⑤]尤以《家训》维大节，成社稷之勋。今兹约之行也，其古宗法之遗兴，简而易从，曲而可则，故不出家而天下平者。用此道也，

---

①洪垣：号觉山。明嘉靖十一年（1532）进士。曾任温州知府，后"坐饥民杀闭籴者，落职归"。曾多年从师湛若水，追求"明觉"的顿悟功夫，乃属白沙—甘泉一系自然主义心学系统。著述颇丰。洪垣之《序》录自《〈玉介园存稿〉附编》。

②浦江郑氏：即浦江县郑宅镇的"江南第一家"郑义门。合族同居十五世，历经宋、元、明，美名绵延900余年。明太祖朱元璋亲赐"江南第一家"之称。所制定的168条家规《郑氏规范》，扬名天下。

③闲：限制，约束。

④棐（fěi）：同"辅"，辅助。

⑤颜氏：即颜之推（531—约597），字介，生于江陵（今湖北省江陵县），祖籍琅邪临沂（今山东省临沂市），系南北朝、隋朝间著名文学家、教育家。

岂独吾郡乎哉？

昔宓不齐谓孔子曰："自予得五人，而单父治。"[1]张咏之守益州也，亦因张逵李畋辈[2]之学行，而一州之学者知劝。今予得王氏，而民范有不行者哉！予兹试矣。

---

[1] 此句，事出《史记·仲尼弟子列传》，载云："子贱为单父宰，反命于孔子，曰：此国有贤不齐者五人，教不齐所以治者。"宓不齐（前521—前445），字子贱，春秋人，孔子弟子，曾任单父（今山东菏泽单县）县宰。意指宓不齐能任人唯贤，而县治一时太平。

[2] 此句，指张咏治蜀功业。994年和1003年，他两次被派镇蜀，前后七年时间。其间，大兴文教，举荐贤士，平定叛乱，改变了巴蜀地域的士风、文风。张咏在《送张及三人赴举》云："才雄扬子云，古称蜀川秀。千载遗英声，三贤继其后。文章积学成，孝友亦天授。远郡得充庭，期将免固陋。"诗中所颂三人，即是蜀中贤才张及、李畋、张逵。诗里称许扬雄是蜀人中的雄才秀异人物，而张及三人是继扬雄之后的特出卓异人物，指出张及等人在文章、孝友方面的突出成就。张咏专门为张及等三人应举举行了盛大的宴会和欢送仪式，并赠送入京费用。自此之后，蜀人改变了"不乐仕宦"的传统，积极应举入仕为官蔚然成风。

重刻《王氏族约》序

戴 赏[1]

少参东厓公立约，以教其族，嗣西华、旸谷二宪副复翼成[2]之。于是王之族咸孚于约，彬彬与为礼让，称名家云。西华君取其约，益加润辑，因以示赏，赏曰："嗟乎！自《大学》教征士为世用者，类取办于外而润略[3]其家。既仕而退，又惟身图之急，于族之欣戚利患，若罔闻知；视古之刑于敦叙[4]，以敷御邦家者，何如哉！"

公素长厚，家食时即有志于睦族，方致力于当世，未遑也。及引年悬车[5]，以家为政，因作是约，以遗族世守。要其所条列，如敬祀恤宗，使能彰教崇礼，节式古训；言内治者，咸鉴核焉。事者寔[6]不为夸溢，以取名高，是以积二十载，行之如一日焉。夫公之树范之成，善矣！使后之人罔克嗣，即嗣而罔变通之、廓大之，亦曷[7]由终其善哉！

---

①戴赏（1497—1581），号金峰，永嘉人，曾任永嘉县学教谕。侯一元称其"吾温故称海濒邹鲁，代有真儒，而在今则惟金峰先生一人"。
②翼成：助成。
③润略：或可作"略润"解，指经略、经营家庭。
④敦叙：即"敦序"，亦作"惇序"。亲睦和顺。敦：朴实、敦厚。叙：次序。
⑤引年悬车：指致仕、退休之时。
⑥寔（shí）：同"实"。
⑦曷：同"何"。

　　顾西华、旸谷二君不惟不坠先训，而且增修其所未至，以成底于纯全，公惠其族优矣；二君则割沃壤为义田，使其惠，益宏以远，公教其族勤矣；二君则建义塾，是其教益易以行，然则公行义炳，入耳目睹，其盛也攸致[1]。亦以二君为之复云：载稽[2]之附编，益以厥，施之宏，匪直其族而已！

---

①攸：乃，于是。致：到达。
②稽：积存，录置。

永嘉场王氏宗祠记[①]

薛应旂

王氏宗祠者，故福建参议东厓公澈所立，以祀乎其先者。王为永嘉巨族，宗族之立自公始。公自谓以义起之；余则谓宗法之废久矣。此举实犹行古之道，匪徒缘[②]情协义而已。

余前视学浙中，已尝闻之，欲为表著，以风四方。时校士[③]方殷，将俟稍选为之，既已调遣西归，遂置不复论。迩来二十年逾矣。公之冢子西华宪副君叔果，不远千里走书晋陵[④]山中，属余记之。

余正欲因王氏之祠，推原宗法之本始，以阐明于世，敢以不文辞。追惟古昔先王，因生以赐姓，因姓以成族，因成族而大宗小宗之有法，实自上立之。立宗者，所以收族也。于是天下之人，莫不有族；天下之族，莫不有宗。凡财货所殖[⑤]，则归宗人掌之；

---

①《宗祠记》一文选录自《王氏家录》卷二。薛应旂（1500—1575），明朝学者、藏书家，著名大臣。字仲常，号方山，今江苏省常州市武进人。曾任浙江按察使司提学副使等。因违逆权臣严嵩，仕途艰险；且慧眼识珠选拔学生邹应龙，最后邹氏上疏参劾严嵩父子，“遂勒嵩致仕，下世蕃诏狱”。也算为恩师薛方山解了恨，成就一段明代晚期政坛佳话。

②缘：因为，为了。

③校士：考评士子。

④晋陵：即武进古县名。晋陵山中，此处就指闲居武进老家。

⑤殖：经营。

凡用度所施需，则资于宗人给之。是以合族之恩义相属，而族人之贫富适均，举一族而天下之族皆然。先王之世，所以揖让，而天下治者，率由此道也。

　　迨①夫大道既隐，天下为私，宗法废而同气分，为尔汝族人至不相识。汉文朝②号为有道之世，而斗粟尺布之谣，箕帚碎语之说，且播闻于天下矣，他时③安望哉！唐太宗欲法三代之治，诏高士廉、岑文本集天下谱牒，参考史传，作《氏族志》。其时宗法之立，盖有几焉？而房、杜诸公不能而成之；宋儒迭起，讲究宗法至详备矣。然惟立论于师友之间，而未申明于朝廷之上，岂古法之真不可复耶？抑势重难返，有不得不因循者也？故范希文之"义田"、苏明允之《族谱考》④、朱元晦之《义学记》，莫非宗法之遗意，而竟不能推行于天下，此有志经世者所以未尝不为扼腕也！

　　今东厓公乃于其祖墓之侧建祠，祀始祖万十一翁，以报本返始；配以四世祖樵云翁，及始封通政溪桥公，以崇德报功。祠为

---

①迨：等到，及至。
②汉文朝：即汉朝之文帝时期，起开"文景之治"。
③他时：原文仅有"他"，补入"时"字。他，亦即"它"。即其他的时间或时期。
④苏明允：即宋朝文学家苏洵。与儿子苏轼、苏辙合称"三苏"。字明允，自号老泉。苏洵在谱学领域贡献巨大，创造了传统修谱方法之一的苏氏谱例，影响巨大。编撰《苏氏族谱》为后世尊为谱例范本。

中堂三楹，旁有两厅，左右廊庑环列，以为会馂之所，约可容千人。堂之外为仪门，又为石坊。费凡千金①，皆出自公一人，不以烦族众。经始于嘉靖壬寅，至癸卯落成②。祭荐有期，洗腆惟谨，合族长幼，示以仪注，申以训辞，衣冠济济，肃雍将事。且著《族约》，立约正、司讼、司纠，察举淑慝，有不率者，尊族约以听于祠，一不闻于有司。其诸义田、义塾、家礼、户役，咸条理曲当，刻示族人，俾知遵守。于乎若兹祠者，其关系世风，岂不大哉？

　　余尝溯观古之世家，其宗法之相承者，惟博陵崔氏、江州陈氏、浦江郑氏，并此仅四见③焉。尔诚能达之天下，固可几而理也！昔张子厚④慨井田之不行，尝欲买一方与学者行之；而迄未能举。孰谓东厓公之宗祠，乃竟成之！使天下之士大夫者皆若公焉，以为民则先宗法，不当遍行于天下矣乎？是祠盖树表极⑤，殆不止一家一方之庆也！

---

①金：古代货币单位。此处千金，一般指一千两白银。
②壬寅：即嘉靖二十一年（1542）；癸卯：即嘉靖二十二年（1543）。王氏大宗祠仅用了一年时间建成。
③四见：此处指英桥王氏与博陵崔氏、江州陈氏、浦江郑氏三大家族，合称为古代宗法相承的四大家族。
④张子厚：即张载（1020—1077），字子厚，世称"横渠先生"。北宋思想家、教育家、理学创始人之一，其"为天地立心，为生民立命，为往圣继绝学，为万世开太平"的名言，被称作"横渠四句"。
⑤表极：犹"标准"之义。

余受简于西华君；西华仲氏宪副旸谷君叔杲，备兵吴中。顾余申前请，遂次其语归之，俾勒诸丽牲之碑。

万历二年甲戌春二月

赐进士出身中宪大夫前浙江按察使司提学副使武进 薛应旂 撰

请记宗祠状

王叔果[1]

  窃惟士庶家之祀始祖、先祖、先儒，尝有议矣。近世大族乃有立祠。祀其始迁祖，而名公亦多与之，岂非以统宗合族，有必需于此欤？今人家开基之祖，乃程子所谓"先祖每岁立春一祭，间取有功德者配之，亦无似禘[2]之嫌。"果家旧祀始基祖，权于四龛之外，仍加一龛；然嫌与五庙之制略相似，于是九世孙某[3]乃咨议，曰：

  "古人虽远祖不废墓祭，吾家祖墓在西门洋，与族居密迩，其旁多旷地可祀。请以义起金议，既同遂就墓之右侧，特建宗祠奉始基祖万十一府君；仍以四世祖樵云翁及封通政溪桥翁配。盖樵云翁树德贻谋我宗之昌，爰自启佑；溪桥翁有隐德，以予贵两膺封诰，德泽著在乡邦里人，戴之祀于灶二公之配，盖以功德，然第设牌而不立主，亦从其宜云。每岁祭以立春，余三时则荐春祭之日，族长幼咸集。凡已冠者，悉留馂以寓会食之意。朔望则

---

①此处原无作者，今予以补上。王叔果（1516—1588），字育德，号西华，英桥王氏九世祖。历任兵部主事，出任湖广布政使司右参议，转迁广东按察副使。嘉靖四十三年（1564）辞官回里。乡居期间，激于公义，设义塾，置义冢；筑永昌堡，建缭碧园。编纂《永嘉县志》。著有《半山存稿》二十卷。

②禘（dì）：鼻祖祭祀。代指先祖祭祀。

③九世孙某：王叔果自谓。原抄本是八世孙，今予更正。

子姓群谒祠下献茶。礼毕，令子弟读《宗训》，众拱立而听。有
忿争者，具讼于族长，即会族正、司讼、司纠处分之，不以烦官。
仍著《族约》若干篇，刻示祖宗，俾遵守焉。祠中堂凡三楹，旁
有两厅左右廊庑，环列以为会馂之所，约可容千人。堂之外为仪
门，又外为石坊，题曰：王氏宗祠。其费约千金，出自先君①一人，
不以烦族众。经始于嘉靖壬寅，及癸卯春乃告成。庙有丽牲之碑，
欲追之以昭垂不朽，用敢乞灵于大方家，俾记其事。倘辱颔，可
岂惟贱父子受贶②？其自先祖以下，实宠嘉之。果无任恳祷之至！"

---

①先君：即先父旸谷公王澈。
②贶（kuàng）：赠，赠与。

户役^①事宜

王叔果

本户丁田既多，人心不一，向因处置无方，事体涣散，以致延挨拖欠，见辱于隶卒，取诟于有司，甚于门祚^②有损。今会众议处，除将三十一年各房实在官民田地纂造归类册外，仍立条约，揭诸宗祠，与族众共遵守之：

户长固有定名，须就族众择一能干者出官，每岁量给工食酬。酌量丁粮多寡，分为十扇^③，每扇都立扇首，轮流值年，其管田多者，十年之间，或再及，或三四，及田少者，则二人朋克。扇首各备一方册，将本扇各人名下粮料查照归类，数目誊入付值年者，收执以便征收。

各人名下粮，俱要加五打与值年。扇首令其并认学粮，及修仓银罪价，不许希图小利，私兑串票，以致紊乱不便，其各项料银亦须照数交与扇首，转付收头及户长^④，上纳庶几事体归一。

凡遇里长^⑤均徭年分，各处年扇首俱要协同催办，毋得独委值年者。

---

①户役：按户分派的差役。
②门祚（zuò）：家世。
③扇：可作"片""团"等范围量词用。扇首：可做"一片之长"看。
④户长：古代催收赋税的地方乡官。
⑤里长：即"里正"，相当于后来的"甲长""村长"等。

各扇如有粮料违期，致差人拘摄，或加问罪名，非关通户事者，俱坐本扇。本人自行支解，不得累及户长。

每遇大造之年，预于十扇各选委扇首二人，具名呈官，俾专管推收，以清革诡寄。凡族众有田欲收者，具白本扇扇首审系实买，然后到局会同里书登册。若私自过割者，必系诡寄，扇首即行勾去。其有恃顽不遵者，禀官以法绳之。如扇首狥私容隐，审出一体究治。

粮长之役，日益繁难，县审惟是户名，族中须择的当人充当。然不处帮贴，未免有不均之叹，此役因田而致，当照田科助。今议通户田一概科派，每田一亩出谷一升，以粮计之，则正采三合三勺，通计本户实民田若干亩，即将前米，并旧虚庵公缺于各人名下，照田派洒，仍于各扇择殷实数家，每岁免粮若干石，令其如数出银，以备粮长①助役等用。其粮长照依分数多寡，量与银余。银留储公用。

---

① 粮长：地方征解田粮的半官方负责人。

义田事宜

王叔果

先君立《族约》，设司恤二人，凡族有鳏寡孤独者，属以告而周之。但无一定之储，恐事不可继，而惠亦未普。不肖①辈乃承先志，拨田四百亩，仍置义仓于祠左，岁收其入贮之。司出纳者务体我先大夫惓惓一本之意，一以至公行之。亦毋得视公家之物，辄生觊取。

一族人贫、不能生理者，每岁给粟二次，交青给五斗，年夜给五斗；其贫甚，朝不谋夕者，时其乏量加给之，司恤访实预报名登簿，每岁按名分给。其游手无赖、不遵宗训者，虽贫不与。

族之孤老寡妇无告者，每次给一石。

贫不能棺敛者，给二石；丧不能葬者，给二石。

乡有节妇无告者，每次给一石。

义仓储积之粟，每岁于交青时出籴，贵则价稍减；至稻熟时，用前价收买还仓，所积岁渐增多，俟遇凶荒即出此粟赈恤。

义田之设，专为赒贫。其族众公家事，虽有余积，不许妄支。

义田俱选本都腴美者，立石扞定四至，子孙不得变易。

义田例不责羡，每亩征租六勾②，佃户送至义仓前交纳。

---

①不肖：此处为自我谦称。

②勾：指勾股比例。

置义田町段《佃户姓名簿》一扇①。

置租谷《出入总簿》一扇，书某年收租若干，给族人若干，籴去若干，收买若干。每岁春祭后会算②。

置《应给簿》一扇，于各人名下，书某次给谷若干，并丧葬等费若干，仍结总件，附书于《出入总簿》。

①扇：本，册。
②会算：汇总合算。

义塾纪略

王叔果

予家自行《族约》以来，既无状至有司，少知自好学，亦以犯约为耻。每朔望来诉于祠，率寡赖者为多。

予尝恻然念曰："伤哉！贫也幼而失教，以至是乎？"于是就祠中立义塾，择塾之善教者为师，族子弟来学悉收之。常课之外，令其歌诗，习礼，讲解族约；有美质可进者，另作养之。

庶几稍知趋向者，必将曰："义塾之教，欲我为善人也！我不能自勉，以寡过良，负矣。"其顽戾必将曰："义塾之教，欲我不为恶也！我不能戒，以有犯于祠，诚媿①矣。"斯二端者，固人情所必省②也，庶其同归于善乎！

此外更有颖出而成立者，则又予之所厚望也。其束修③，及楮笔诸费，皆议措已定，他日学徒加众，或更置一师，为当增益耳。

---

①媿：同"愧"，惭愧。
②省（xǐng）：明白。
③束修：拜师费，学费。

施粥纪事①

王叔果

嘉靖乙巳，浙诸郡大饥。吾邑田虽薄收，视他郡储谷②，犹足以给一方。方春，富室见岁饥，闭③。先君病④之，乃减价出粜。时婺源洪公，温弗饥。故诸郡皆申荒，而温独不室。或连名具状，乞批去某家者富室倒廪，奉命不敢少靳⑤，否则返诉于府，祸且立至。有三数辈稍忓者，府枷号于市，故富室谷为殃，日夜私串外境人转粜，而外境人闻温谷之易售也，咸焉不半月间，而吾郡之谷罄然矣。

时先君仅遗谷数囷，亲族辈咸来告曰："公减价利众，诚盛德。宜留以济吾辈，不且为沟中。"于是粜先族众，次姻党，次乡邻。又虞其转贩射利⑥也，率限以分。咸以有事，至猥琐，而众颇称快焉。及而麦无收，而云食新之候尚有二月，余众嗸嗸⑦汹汹，惧无以延

---

①此文转录自温州图书馆藏《王氏族约》之"敬乡楼本"，又参阅温图藏另一民国抄本相互校正。
②谷：谷物。犹指粮食。
③闭：关闭门户。
④病：不满。
⑤靳（jìn）：吝惜。
⑥射利：谋取财利。
⑦嗸：同"嗷"。

旦夕。先君顾果兄弟曰："减价以粜有钱者，庶微惠矣！其如穷民，何吾闻？古人有施粥者，尔辈其图之时。"余廪仅存谷四百石，撙节而用，犹可以活千人给①。两月初，就家中举事，分列诸馆，以次给散；顾往来纷杂，甚有难处者。次日，乃移就宗祠中。祠宽广可集千余人，易于照瞭②，有专门启闭，可以关防。每日晡时入米煮粥，即将大门扃锁之。辰刻乃启，以鸣鼓为期，远近就食者，闻鼓声皆蚁蝇、鱼贯而来。鼓毕放入，则分布两廊，鳞次跌坐，戒毋动问。有妇女及童辈，则俾另集一处，坐定分投散粥。每人遗一大碗，俱挨次自上而下，旋收旋送。

予兄弟与族属三五人，谨随督视，一不敢忽，食毕仍坐定，候鸣鼓乃启门放出。每日必有续至者，骈伺门外，先遣人阅过，每人手上打一小印为记，然后放入，防既食者溷③焉。

自四月朔举事，至五月终止日，就食者殆千人。月间，予家百事俱废，惟经营兹役，盖仆辈五六人诘朝散粥，逮午而毕无。后则涤器、舂米、注水、聚薪，稍稍休息，至夜仍作粥，达旦粥始完。初时，犹参差行之数日，渐就条理。其所抱歉者，彼时所余米仅有此数，不能尽遂一饱，然逐日亦可止给一餐，否则势有所难继。

---

①给：供给。此处乃指粮食供给。
②照瞭：明察。
③溷（hùn）：混乱。

　　传《记》中尝见古人施粥，竟早得其详。然是岁，邻邑尹有出官帑米，属耆民施粥者，处置无方，反贻患害。盖饥民闻粥匍匐远来，或甫至而粥已尽，竟不能待哺而毙，或饕食无度，以骤饱见伤，或一时粥少人众，遂以污水搀入，食者多病以死。故凶岁施粥其事至善，而亦甚难，使①予家无宗祠以容众，无族属兄弟辈矢心，其事亦未易办也。

---

①使：假使，假如。

附　纪

王叔果

寒族凡有公事，率①就祠中集议，即连年聚兵御寇，一应祭旗、誓众，皆于宗祠仪门外行之。

往戊②午岁，寇大至，时寺丞家叔与金宪舍弟，既惟贼锋，族众仓皇奔窜，其点兵、诸告示及火器等项，皆不暇收拾。贼来舍祠中，凡数日所至，纵火甚炽。咸谓前祠必被首燎，乃幸获保全。后有乡人自贼中逃归者。彼时亦欲放火于内，有人劝曰："昔荒年，王参议就此施粥，活了无数人，乃阴骘地③也，不可火之。"竟止。大抵此贼虽称倭子，而本地人为多。

果家自先世以来，待乡人至厚，而祖居在兹乡者，屡经寇入，亦保无恙有以也。

---

①率：皆，大略。
②戊午：明嘉靖三十七年，即 1558 年。
③阴骘：语出《书经·洪范》："惟天阴骘下民，相协厥居。"即为默定的意思。后引申为默默行善的德行。

《王氏族约》跋[1]

王理孚[2]

右《族约》一册，永嘉族祖澈公著。公字子明，号东厓，明正德癸酉举于乡，官至福建布政司参议，与兄鹤山公并负时望。以母舅张罗山方秉国钧，方退然敛抑，阴扶善类。以亲老乞养林居，致力于宗族乡党者二十年。

此册为公创建宗祠后，立约以资祖姓永守者。敦礼举义，卓然大家，英桥王氏得以为永嘉望族，实公有以启之也。今依家祠抄存本[3]录出，间有阙[4]文，俟得善本再为校补。

戊辰[5]初秋，族孙理孚谨识

---

①此文录自温州文献丛书《王理孚集》，2006年9月上海社会科学出版社1版。陈盛奖编，张禹注。跋，文体之一种，又言跋文，或后记。
②王理孚（1876—1950），字志澄，又名虬髯、髯翁。民初曾知鄞县。师从刘绍宽，一度协助孙怡让办学。温州近代名人。英桥王氏后裔，长居平阳鳌江。开发南麂岛，作用巨大，功业彪炳。王理孚晚年自编《海髯诗》。关心王氏先贤事迹，组织抄录整理，并由其家族保存下来，至20世纪末由其子王载纮复印成册。1950年病殁于永嘉县城（今温州市鹿城区），终年75岁。
③家祠抄存本：王氏家族经王澈公、王叔果公、王光蕴公等代代先贤撰抄，并由大宗祠保存下来的家藏旧本。此系王理孚从《玉介园存稿》析出并跋。
④阙文：指家藏本文稿因时久引起缺漏衍讹等，或造成字词句段含糊不清，或致一时难以卒读。
⑤戊辰：民国十七年，即公元1928年。

辅　篇

　　值五世祖梦竹公（讳王由修）《英桥王氏族谱》时，郡人、礼部左侍郎章纶在《英桥王氏族谱序》中述及："稽君之先世，旧传五代时自闽徙居永嘉之沙城英桥，历宋元罹兵灾，中兼海患，家牒不存，自高曾以上世系莫考，故断自万十一府君为始，据其家所奉神主示子孙以信也。"［明成化五年（1469）］八世祖东厓公在《重修英桥王氏族谱序》中则提及，"嘉靖初，南门王氏侍郎南渠公爌遣子姓通谱系，谓吾永嘉英桥与黄岩南门二派，俱出自台之宁溪"。这里涉及"出自台之宁溪"。后，十九世孙王玉、王壬辑《王氏年谱》，在"始祖万十一公惠"条下，载有"万十一公系宁川（溪）始祖，唐大理少卿从德公十二世孙、宋庆元进士总公嫡孙。……（宋）乾道二年，温郡海溢，……檄文福建，移人补籍。王氏族类二十余家，俱自闽之赤岸来徙。系唐枢密院尚书尚墨公后裔。"这里认为，英桥王氏在（宋）乾道二年后徙自福建赤岸，始祖万十一公惠从台之宁溪转迁英桥里。虽然如此，为审慎起见，东厓公《序》依然沿用"今以万十一府君为始祖，宗所知也。"［嘉靖十七年（1538）］

　　综上所述，英桥王氏先祖之溯源，有几点应该可以明确：世出琅琊，从福建入徙；以万十一府君王惠于元顺帝时迁居为宗，其墓葬西门垟，以为祖墓。此后，子孙世居二都英桥里，繁衍生息，终成一方官宦诗书望族。但鉴于历宋元，罹兵灾，中兼海患，家牒不存，历来即盛传原之始迁祖从唐末五代入徙；至嘉靖初，因通谱又并传自南宋乾道二年后补籍入徙，辗转台之宁溪而迁二都英桥里。因故另有分说。并且，原之始迁祖是唐末五代还是南宋入徙，自明嘉靖初以来，至今存疑无考云。旧谱如此，至今亦当如此矣！

　　本篇为相关附录素材，而另设一章。主要囊括有《重修〈英桥王氏族谱〉序》，《福建布政司左参议赠朝议大夫东厓王公墓志铭》与《参议公行实》《参议东厓公传》《参议公传》《参议东厓府君传》《东厓公七十序》，和《旸谷公训言》、《家礼要节》选、《东厓公年谱》等。以进一步佐证阐述《王氏族约》的社会环境、宗族背景和人文特色，以及先贤们的尊祖敬贤、聚力奋进、守正创新、担当作为的精神和品质。

序

重修《英桥王氏族谱》序[①]

王　澈

　　我王氏世居永嘉华盖乡英桥里，旧传五代唐时自闽来徙。宋乾道间，吾乡海患荡溢，谱牒无考。嘉靖初，黄岩南门王氏侍郎南渠公爌[②]遣子姓通谱系，谓吾永嘉英桥与黄岩南门二派俱出自台之宁溪。今以万十一府君为始祖，宗所知也。

　　吾宗有谱，自族祖梦竹翁始，时在成化，迄今几八十年，支齿日蕃，而纪志关略。先大夫溪桥翁加意修辑，冀澈同仲弟激间。于王政而后，从事无何。遭大艰，追念先志，乃据旧谱所存者订而补之，由是百年坠典犁然。复举夫谱，所以尊祖而昭裔也。尊祖则情生，昭裔则志一。吾宗人其先皆出于始祖一人，迄今凡十传，族广而迹疏，间有休戚，不相庆恤，甚或道路谁某，践籍无忌，何以教惇睦哉！夫亦志弗一，而情弗生也。

---

①此文录自《王氏家录》卷一。原文无记撰写者，今予补上。
②爌，即王爌（1472—1554），字存约，号南渠，浙江台州府黄岩县人，宁溪王氏著名先贤。历任太常博士、给事中，后转任太仆少卿、太常少卿、应天府尹。嘉靖二十三年（1544），再被荐举任南京右都御史，不久即告老还乡，不再复出，而兴族建祠，从事著述。享年八十有三，追赠工部尚书。

《易》曰："天与大同。"①人君子以类族辨物，此先王所以著异同也。今吾为谱，世次明而异辨矣，本始惇而同统矣。异辨而志一，同统而情生矣。志一情生，而族以之睦矣。斯吾所望于族之子若孙也。

嘉靖十七年丁酉冬日

朝列大夫福建布政使司左参议前兵部武库司郎中八世孙澂顿首拜书

---

①此句指《周易》"同人卦"言：天下大同，人人平等。赋予了撰序者美好愿景和深远期待，嘱托子孙们做到"异辨而志一，同统而情生"。既推动各族努力前行，更普及于全社会，和谐共生，生生不息。

墓志铭

福建布政使司左参议赠朝议大夫东厓王公墓志铭[1]

张时彻[2]

余与永嘉鹤山王公同举进士，一见大奇之，辄引为道义交。孽孽[3]焉，推毂[4]如恐不及谈者，以为罕比。公卒，乃不得铭墓而表其遗文，没齿有余恨焉。兹伯氏东厓公卒，其子职方君远来乞[5]铭。余曷戚然兴思曰："公之兄即吾兄也，铭其兄即所以铭公矣！"

按状：公讳澈，字子明，别号东厓，世居邑之华盖乡英桥里。王之先，旧传五代唐时自闽来徙；近传自台之黄岩。宋乾道间，以海患析，莫溯其宗。今称始祖万十一府君惠，自所知也。惠生仕宜，仕宜生珍，珍生毓，是为樵云府君，公高祖也。夫王氏者，

---

①《墓志铭》全文，据《东嘉王氏世录》录入。于明嘉靖三十二年（1553）刻石。据《永嘉场墓志集录》：原铭石藏温州博物馆，编号：未553。此抄本与之词句略有出入，而以此抄本为准。

②张时彻（1500—1577）：字维静，号东沙，宁波府鄞县（今浙江省宁波市）张家潭村人。明代诗文作家，大臣。曾任福建参政，官至兵部尚书。乃王激公宦游故交，与英桥王氏有通谊之好。著有《芝园定集》等。

③孽孽：装饰华丽貌。

④推毂：荐举。

⑤乞：请求。

自樵云府君始，曾祖珙，祖封，父钲，号溪桥翁，溪桥翁有隐德，乡人戴之，祀于社，以仲子祭酒公激贵，封通政使司。母张氏，封恭人，少师张文忠公女兄也。

公早岁颖异好学，与舅氏少师公及仲氏祭酒公自相师友。游庠序，赫然有声，每试辄首多士，一时称士望者，必曰："二王公"云！正德癸酉举于乡；嘉靖丙戌仕为礼部司务，历升兵部车驾司员郎、武库司郎中，随其所司而奉法懋绩[1]，公乡僚友多加爱敬。时少师公为首相，祭酒公又官铨曹[2]，众方艳属。公退然自抑，一以忠信周旋，扶植善类，不遗余力。卒未尝宣诸口齿，而缙绅先生至今称之不衰。

嘉靖甲午，会潘宜人卒于京，遂乞告以归。时溪桥公暨张恭人俱寿大耋，公承欢左右，方走疏终养，而福建参议之命且至，竟不赴。未几，连遘[3]大艰，服阕[4]，遂再疏乞休致。时闭门却扫，日惟以推赢振乏、敦礼举义为事。建始祖祠费千金，不以丝粟烦其宗人。著《族约》，立约正、司讼、司纠，旌察淑慝[5]，有陵噬忿争者，则遵约听之，不使烦于有司。制田供时祀，每岁立春祭毕，大会族众，欢以酒食，申以训词，衣冠来集几千人，肃肃雍雍如也。

---

①懋绩（màojì）：大功绩。懋：同"茂"，盛大。
②铨曹：选拔官员的部门。
③遘（gòu）：遇到。
④服阕：指守丧期满除服。
⑤淑慝（tè）：犹指善恶。

若孤媭老疾丧无告，则出余帑周之。丁田积夥赋既淆，则类族丁产为册稽之。家有羡赀而黜靡戒奢，自奉如在约，雇用之以义，则厚捐弗靳其亢，宗赒后类。如此家居耻事，请谒至乡土，有急难及利病所宜兴革者，又汲汲引为己责。

所居濒海，旧籍沙城，卫卤岁久，荡蚀且尽。公承溪桥翁志，吁众筑石堤，灶氓筑业而盐课赖之。嘉靖乙巳，岁大饥，米价腾翔，道馑相望。公指廪减价平粜，复广施糜粥以待饿者，日就食者逾千人。两月始罢，所全活无算已。

公器宇凝重，性度坦夷①，谦谦下人，随贵贱大小，遇之如一，率不由于矫。不妄喜，不留怒，不念旧怨。惟德则必酬之，其好丑皭然②于中。顾多务含蓄，而发于义者，固侃侃如也。予识公郎蜀中，而信其德厚如此，盖不待状而知也。夫君子进则泽被天下，退则仁施一乡，其志之所期，与业之所就，得于此而不得于彼者，恒多也。公回翔郎署十余年，所治固不越常职。方少师公持大义时，诸建置进退震詟中外。公从容调护，少师公多从，而忠贤藉其阴庇，今犹昭昭人耳目。

林居二十年，身急乡族，如行《族约》、饲饥民、赈贫恤匮诸行事，虽在公为庸行，而乡之人受赐被德，则不可胜数矣。视夫进则徒张声势，退而自足娱乐者，其为人何如哉？概公之平生，

---

①坦夷：坦率平易。
②皭（jiào）然：纯净、洁白的样子。

孝友刑于家，温恭恺弟^①孚于族，贤声义闻洽于遐迩。卒之日，自缙绅及闾巷，莫不咨嗟痛尽，欲起公而不可得。吁！此可以定盖棺之论也！

公生于成化癸巳九月三十日，卒于嘉靖辛亥九月十三日，享年七十九。子男二：长叔果，嘉靖庚戌进士，今兵部职方司郎中，前以职方司主事考满，赠公为朝议大夫；次叔杲，嘉靖壬戌进士，兵部车架司主事。女一，适南康县丞严孔昭。孙男四：光蕴，举人；光荐，光禄寺署丞；光普、光美，俱国子生。卒之又明年正月八日，果等卜葬宋岙之原。族子金宪君德状公《行实》^②，事甚核而文甚雅驯，余因而为之铭。铭曰：

"曷厚其生，总兹百禄。曷笃其庆，华兹似续。皇国之桢，乡邦是淑。昭哉令德，俾也戬穀^③。膴膴^④佳城，吉其得卜。有郁者松，有苞者竹。硕人攸藏，如金如石。宋岙之原，过者必式。"

嘉靖三十三年甲寅秋八月既望，万历十五年丁亥九月，改葬于五都茅竹山。

赐进士出身资政大夫南京兵部尚书参赞机务明州张时彻撰

---

①恺弟：即"恺悌"。犹和乐状，即和气开朗，平易近人。
②《行实》此句，应谓《参议公传》由黄岩宁溪王玲撰。
③戬穀（jiǎngǔ）：剪除邪祟，福禄自至。后字义引申作吉祥福禄。
④膴膴（wǔwǔ）：膏腴。

纪 传

参议公行实

王叔果[1]

先府君讳澈，字子明，别号东厓，世居永嘉英桥里。始祖万十一翁讳惠，二传讳仕宜，三传讳珍，四传樵云翁讳毓，府君高祖也。大王氏者，自樵云翁始。曾祖讳珙，祖讳封，父溪桥翁讳钲，以仲子祭酒公贵，封通政司右通政。有硕德，乡人戴之祀于社；母张氏封太恭人，少师张文忠姊也。

府君早岁颖异向学，不戒而勤，与少师公及祭酒公自相师友。为诸生，每试伯仲，并首两庠。乡儒绅济集受业，一时称士，望者必曰"二王"云。正德丁卯，祭酒公魁两浙。癸酉，府君继领乡荐，同上春官[2]。祭酒公成进士，府君选为礼部司务，历升兵部车驾司员外郎、武库司郎中。时少师公秉钧轴，祭酒公官铨曹[3]，声焰方灼。府君退然自抑，少师公独加爱敬，每就咨访，府君一

---

[1] 此文录自《东嘉王氏世录》，由王叔果亲撰原文全本，故留"男叔果撰"亲笔言，名之《行实》。其余同类所谓"行状""纪传"或"传略"，均不合东厓公心迹和西华公本意。
[2] 春官：即指礼部。
[3] 铨曹：负责官员选拔的部门。

以忠信周旋，扶植善类，不遗余力，卒未尝宣之口齿，而缙绅先生至于今犹乐道之。

张皇亲鹤龄，敬皇帝后弟①也，怙宠恣横，吏发其辜。先帝震怒，欲置之族，株连几二百人。少师公持议未决。府君力救之，且私于少师家嗣中书君，俾同争。中书君陈状具如府君言。少师感悟，面祈于上，久之事从末减。敬皇后安孝养上，以多少师而首议，则府君也。少师立朝正直清忠，诸建置予夺詟服②中外，府君毗赞弘多焉。徊翔郎署凡十年，公卿寮友雅见爱重，下逮胥吏隶役亦怀其德厚，眷眷不忍释。

嘉靖甲午，先母潘宜人卒于京邸。府君携果兄弟扶榇归③。时大父通政公、大母张恭人年俱近耄，府君承懽④侍养，澹无宦情；而福建参议之命适至，竟不赴。未几，连遭大艰，服阕上疏乞休致。时闭门却扫，日惟以推赢赈乏、敦礼举义为事。族姓繁衍，府君欲行宗法，乃酌先儒仪。于始祖万十一府君墓右建宗祠，堂庑坊门制极伟敞，宽可容千人，费约千金，皆捐之私帑，不以⑤一钱敛

①敬皇帝：即明孝宗，弘治皇帝。因有"至仁大德敬皇帝"谥号，故称。后弟：指张鹤龄，与兄弟张延龄，因张皇后之宠爱而受偏袒。导致明嘉靖朝兄弟覆辙身亡。

②詟（zhé）服：畏惧服从。

③此处《世录》影印本与原抄本均作前一字"时"与后一字"归"。今予以持正转换，即作"归。时"句读。

④懽：同"欢"。

⑤此处两字《世录》缺，不通。今参照《龙湾墓志铭》补入。

其族人。祠成，著《族约》，立族正、司讼、司礼、司纠若而人。旌察淑慝，有陵噬忿争者，则遵约以听之，不使烦于有司。岁时祠祭割田为常需，惟丰惟恪。每岁立春祭毕，行馂礼，设百余席大会族众，欢以酒食，申以训辞，衣冠来集者，几千人肃肃雍雍如也。族有孤嫠老疾及死丧无告者，出余赀赈之。宗属丁田积夥，役赋易淆，每岁大造后，则募役类纂本户册籍，使息耗有稽，征输罔滞，而费则一出于府君。家有羡赀，而黜靡戒奢，自奉如在《约》，以义用之，则厚捐弗靳。其布德树恩，不惟族之人利赖歌舞，举姻戚故旧，无问贤愚、疏近，凡缓急多以为归。家居耻事请谒，至乡土利病所宜兴革者，则力言于当道，以身肩之。

所居永嘉场濒海，故有沙城卫卤地，岁久风涛荡蚀过半。通政公尝议堤以石，疏于朝，事下所司格不行。府君承先志，锐请[1]于巡监御史鄢公，吁众经役，而共聿成，灶民乐业，迄今诵功不衰。

嘉靖乙巳岁，大饥。富室闭籴，米价骤腾，道馑相望，闾井嗷嗷。府君捐廪减价平粜，随语果曰："减价宜矣！无钱待哺者，将奈何？"乃尽发余粟，就宗祠广设糜粥。其法先期戒仆役，日晡时作粥，达旦始具。及晨，鸣鼓召饿者入，扃大门，鳞次跌坐坛庑间，妇女幼稚则别于堂中及两厅。日集者逾千人，坐定按次颁粥，调度有方，午后始竟。如是两月，远乡深谷之民，率携家来就，

---

① 原本"请锐"，不确。应作"锐请"。

妇女则执麻枲^①，环坐祠前，杂治老弱，嬉戏待哺。及稻熟告归，累累望吾庐拜祝而去。所赖存活者，不可胜计矣。

凡贸置产业，必称其直，不务规小利，一切闲田废寺，时例召鬻，有司间以畀^②府君，府君辄谢之，尝曰："为子孙世业而可遗之，以争端乎？"其不苟取如此！

府君器宇凝重，平生无亵容嫚语，性度坦夷，望之者知其为福人，信其为长者。近人以忠，不为口惠，竟日俨坐庭中，客至则从容款洽，虽纷杂不厌，随贵贱小大遇之如一。其谦谦下人，率不由于矫。不妄喜，不留怒，不念旧怨，惟德则必酬，是非好丑皭然于中。顾多务含蓄而发于义者，固侃侃也。其于故旧情义尤笃，即旷远勿遗，故归田逾久，而僚友之声问往来者，犹数数焉。每事惟求自尽，而不责备于人；顺达时宜，亦不诡随于俗。其孝友刑于家，温恭惠慈孚于族，纯诚厚德洽于乡邻姻戚，贤声义闻传诵于远迩缙绅。卒之日，莫不唏嘘痛尽，其所感者素也，此岂有一毫钓名徼惠之行哉？

府君强年始第，艾乃仕，耆而致政，优游林下几二十载。端居静摄，老而不衰。后患喘久之，肺虚致脾疾，遂不起。呜呼痛哉！时嘉靖辛亥九月十三日也，距其生成化癸巳九月三十日，享年七十有九。子男二：长叔果，嘉靖庚戌进士，广东按察司副使，

---

①麻枲（xǐ）：此指麻衣。
②畀（bì）：给予。

前以兵部职方司主事，满考加赠府君朝议大夫；次叔杲，嘉靖壬戌进士，湖广布政参政司。女一，适南康县丞严孔昭。孙男四：光蕴，举人；光荐、光普、光美，俱国子生。卒之又明年癸丑正月八日，果等卜葬宋岙之原。因撰《行实》，乞言于大方家四明张尚书为志《铭》；同郡侯方伯为《传》；黄岩宗兄佥宪为《小传》[①]，叙述备矣！顷衰家录，取前状略，加删润，以再俟名笔采择云。

[①]此句，乃恳请兵部尚书张时彻撰《墓志铭》，左布政乐清侯一元撰《参议东厓公传》，佥都御史黄岩宁溪王玲撰《参议公传》。

参议东厓公传①

侯一元

《易》曰："天顺助，人助信。"②故顺之则贻之多福，信则传之荣名。犹扬桴树臬③，然响影已臻矣。然则善不得不福，福不得不名，而世乃多言阴德玄善，何哉？有以夫其欲廉取之而厚食之乎？其取愈益廉者，其食亦愈益远矣。

外史氏曰："吾温士大夫最盛者，咸推永嘉场王氏。"王氏推厓翁，其贵富长寿，多男子，贤而有文，高朗而令终。自诸福之物，前世所不能兼者，至翁咸乃至，父子兄弟累世相袭，起家甲科，又相禅为司马部，更出入本部之署。若其家衖④，然声施于塞外，文武之绩贻之无穷，岂不亦伟哉！非其盛德，其孰能当之！荐绅先

---

①此传录自《王氏家录》外篇•卷三。撰写者侯一元（1512—1586），字舜举，号二谷，乐清缑山（今蒲岐镇侯宅村）人。官至江西左布政使，辞官归，在家乡创办环壁书院。后移居郡城。万历十四年（1586）卒，享寿75岁。著有《二谷山人集》《二谷山人近稿》等，主编隆庆《乐清县志》、隆庆《平阳县志》、万历《泰顺县志》等。

②出自孔子《系辞》，原文为：《易》曰："自天佑之，吉无不利。"子曰："佑者，助也。天之所助者，顺也；人之所助者，信也。履信思乎顺，又以尚贤也。是以'自天佑之，吉无不利'也。"

③臬（niè）：目标。

④衖：同"巷"。

生既咸歆艳之，则争传东厓先生行事，著其所以然，则洋洋乎备矣！

余独以先生尚有深博隐德，世所不表者也。以不襮[1]故能名之，其以绲福酿积，不亦宜乎？余则以暇日而为之传焉！

传曰：东厓先生王氏，讳澈，字子明。其先自台徙永嘉，至先生八世矣。父曰溪桥公，隐君子也，而有奇节达识，身居约而恩泽乃盖其一里，里人以为归，岿然而若，素封巨室也。事具闽人王道思先生《志》中。

溪桥公凡三男，先生其伯也。自少好学能文，为诸生试尝冠军，与仲祭酒公鹤山先生齐名，竞爽称"二王"焉。母曰张太恭人，少师张文忠公姊也。少师公之生乃后先生二年，其成进士也，则先先生。次则祭酒公。而先生之举，则癸酉也。故一时甥舅昆弟出入相师友，然少师公独内爱先生，悦安之，莫与为比，居久之。

少师公以议礼超迁，五六岁间至阁老。而先生远为礼部司务，寻迁司马郎。仲以名进士入吏部，相与同朝；而阁老公独内敬先生如故。时所言，常听鄞人尚书张公所称以忠信周旋扶植善类者，盖多有之。先生以执政爱甥，力足跻膴躐要[2]，不碌碌。然其徘徊郎署者十年，乃始升为福建参议，犹常调也。是时二亲并大耄，优游

①襮（bó）：原义为绣花衣领。引申为表露。
②膴（wǔ）：大块鱼肉。躐（liè）：超越、跃居。要：要津。

在堂，而先生适告归，日戏綵娱乐①之。因遂不赴，而先生身所树立地望，种种甲于里中矣。

曩少师公之立朝，盖多震撼击撞，三已四召，砥柱自命，风涛日有，然曾微溅沫以及先生颓乎其间；顾往往树德焉。非其仁智之验然哉！

先生状貌魁梧，望之泰山乔岳，而器度骀荡，即之恢恢如也。与人言辄倾肺腑，不以知故逆人，其闻人善也，津津然喜色，尝有味乎其言之也。至不善则惨沮怛伤之，蒿目②而已，终不以出口。其闻人急也，毅然赈恤之，人有即之谋，罔不竭忠以期于克济，以故无贤愚缓急，随浅深酌焉。而无不得所欲而去者，皆以先生当世钜人长者也。其诸措注尤钜者，赞筑永嘉场沙城，以为濒海屏蔽。出粟平粜，糜粥日餔千人，以补救乙巳之饥，皆较然著明在人口矣。至如修谱牒，建宗祠，著族约，苹藻③孝鬼神，行苇④敦宗族。匍匐救凶，礼札不以身节，啬俭其亲，不以菲废礼者，固先生庸行也。

先生之生成化癸巳，其卒嘉靖辛亥，凡七十有九年。其所积

---

①古成语有"戏彩娱亲"一典。语出《艺文类聚·孝引列女传》，云："相传春秋时楚国老莱子事亲至孝，年七十，常著五色斑斓衣，作婴儿戏。上堂，故意仆地，以博父母一笑。"《幼学琼林·卷二·祖孙父子类》："戏彩娱亲，老莱子之孝。"戏綵，亦作戏彩。
②蒿目：极目远望。
③苹藻：代称祭祀礼节。
④行苇：原指路边的芦苇。此代指厚待鬼神。

德累善，亦不可以缕数矣。盖夫人而能见之，能言之，其诸细行琐善端，人愿士可庶几也。彼其得天厚，而引世长者，亦将有阴骘矣。

然其在郎署服官时乎！夫曰："忠信周旋，扶植善类似矣，亦言其大都尔。"余往盖闻戚里有张皇亲者云，兄弟纵横，弘正时以母后故，第有杀人之辜，吏不敢发至先帝。时发之吏，奏当殊死而可矣。顾上意有所嗛^①，震怒不测，将致之族。东朝摇动，虽少师公不知其不可也。先生锐意救之，其言鞠凶^②酷戾不可不面诤状。少师公乃大悟，以闻于上，久之事乃得解。

吏举法而罢人，咸以多张公察其本，则先生也。余尝从少师仲子尚宝君，见少师造膝^③之疏，牴牾上赫，然霆震者数矣。少师公不独以去就争，乃以身也微，是固当有数十百人磔夷者，且国体其谓何哉？推此则嘉靖丁亥甲午间，诸臣有触犯诖误^④，诏旨所欲杀，已而咸降者，非先生之力而谁矣！

盖少师公刚毅而明决，有古大臣风，乃其严不残^⑤，廉不刿^⑥，车出而不假力于骖胁者，以有先生在也。秉钧当国数十年，所咨诹而生杀予夺者不可数胜，先生以其仁厚居间，辨陶公之璧，含中山

---

①嗛，同"衔"，犹"恨"。
②鞠凶：预示灾祸。
③造膝：触膝、亲近之意。
④诖（guà）误：指受牵连而被处分。
⑤残：即残暴。
⑥刿（guì）：刺伤，伤害。此"不刿"，意谓宽厚。

之麾，固浸淫徧^①于海内矣。然则先生之业，乃上与少师公而修广也。夫守职郎署，而功载寰宇，寻声循迹，则不尸其有雨集冻释，草木萌起，云无处所，兹非所谓阴德玄善者耶！其与屏一蛇、活一雀者，功相万也。析圭寝丘，授环累世，又足言乎！

论曰：深乎！厓翁先生之有德于天下也，以与少师俱，虽然辅之善，先之食何哉！无亦天有所分予，而先生则谦受之乎！是故位不满满于禄名，不引引于寿身，不遂遂于子孙，固其理也。世多以先生素富贵，而常衣粗食淡；又治生不欲屑越其财，与比信陵北海食客者异。余独以先生盖知消息之理者，其苦心居约，不欲洗腆以明得意，固将大有所为也。昔有筮^②王氏者，以淮水存亡。今以先生之德，子孙修之，虽以带瓯江，砺华山，孰云不可乎！

　　隆庆己巳长至^③后五日赐进士出身中奉大夫前江西布政使司左布政通家侄后学侯一元撰

①徧：同"遍"。
②筮（shì）：占卜。
③长至：即长至日，是为冬至日。

参议公传①

王　铃②

　　温郡永嘉华盖乡有大姓王氏者，与铃为同族。弟职方君叔果为乡举同年，前后同上于春官③。占仕籍④，投意气者，又若干人焉，咸蔚然博雅君子云。因得讲于其世间参议公之贤，叹慕之。

　　往岁壬子，自闽经东瓯，不幸哭参议公于枢前。越三载，职方君自京师为书，持四明张尚书所为参议公《墓志铭》⑤，寄铃⑥于斥丘⑦，属为《传》。谢不敏，既而官留都职，方君书来。趣前事至再时，瓯人士游南中者，咸称参议公宜有《传》。

　　噫！公诚宜独惭予何？虽然愿附草创，贻之当世，太史庶几芟其芜、采其实乎？传曰：参议公王氏，讳澈，字子明，别号东厓。其先万十一府君，讳惠，徙自我黄岩之宁溪，世居永嘉英桥里。四

---

①此文选录自《王氏家录》外篇·卷三。参议公，即王澈公曾履任福建参议之职，故而尊称为"参议公"。
②王铃：台州黄岩宁溪王氏先祖，与其父士爌俱于明嘉靖年间盛名。曾与英桥王氏相互通谱，王澈公、叔果公等均以此为同宗姓族。其父子均为著名学者。
③春官：礼部的别称，指礼部。
④仕籍：旧指记载官吏名籍的簿册。
⑤《墓志铭》：即上文张时彻为撰《墓志铭》。
⑥此处原抄本多出一字"龄"，应作衍文处理删去。铃，即撰文者王铃自称。
⑦斥丘：即斥丘县。古属河北省邯郸市辖境。

传至樵云公，讳毓，族始大。七传至溪桥公，讳钲，遂以行谊超卓，尸祝①于乡，配张氏少师文忠公女兄，实多生闻人：其一为公，次为国子祭酒激，次为赠太仆寺丞沛公。生而颖异，少而嗜学，昆弟甥舅相师友，并奋艺林，先后成科第。嘉靖初，选授礼部司务；历迁兵部车驾员外郎、武库郎中。

于时文忠公独秉钧衡，仲氏继登华要，公退然自抑，不翕②热，往往阴扶善类，佐文忠以道，而不自以为功。入官仅十年，尝念一切戚属过盛，而二亲耄在堂，缺朝夕侍养，辄慨焉有投簪③想。丧潘宜人，得请归。寻拜福建参议之命，不赴。暨连遭大艰，扶阕恳疏乞休，遂终老故里。中世④士大夫罢官，往蹶驰不复，顾名字行甚者，张余焰陵跞乡族，攲攽⑤之以为常。间有能自足于一丘一壑，与齐民相安无事，则已啧啧称贤。公栖迟桑梓几二十年，平居不惟安分守己，不奸于物，而孳孳焉日惟敦行履道，陈常树声，推赢振乏为事，若将举其宗族乡党，人人纳诸士君子之域，而脱其饥寒穷困之累。今试传其大者。

①尸祝：祭祀。
②翕（xī）：合，顺，或和顺。
③投簪：指弃官，归田。
④中世：犹中年。
⑤攽：同"颁"，即分、发。

公惟人生不可不尊祖，自周太宰九两①立宗之法废，人遂不知其身之所从来，族散久矣，乃酌先儒义起之制，于始祖万十一府君墓右，特建宗祠，其制中堂，腋听旁膴外门，及外为石坊。其堂之上下宽广，可容千人。其费逾千金，皆公之自出，亦难矣！

祠成时，英桥子姓以千计。公每岁立春，率以祭三时，率以荐朔望，率以谒祭毕，率以馂仪节。以莅之诚敬，以孚之欢爱，以洽之衣冠云集，成雍雍肃肃焉。公乃扬言曰："凡我子姓聚于斯堂，同奉府君者，凡以吾身之所同出也。今以同出之身而相爱如路人，然可乎？则何以对越吾祖矣？"公时一言，而人人动容倾耳焉！公乃念于众，作《族约》，立约正、司讼、司纠，泽其族之贤且才者。为之有事，则司讼、司纠告于约正。朔望礼毕，约正会族众遵《族约》，以听之行之。数年，英桥之族遂以太和。时郡守洪公垣留意教化，闻王氏之族与不烦官而理也，取公《族约》颁之合郡，四乡大族多因兴起者。及公没，公诸子奉约惟谨，至于今不废。

公于郡邑，耻事请谒，惟关乡土利害，则攘臂公言之。永嘉场濒海，故有沙城，围卤地岁久，风涛荡蚀殆甚。溪桥公议堤以石，疏于朝事，下所司格不行。公继先志，立请于当道，以公言理前役。

---

①九两：语出《周礼》，"以九两系邦国之民。"所谓九者：一曰牧，以地得民；二曰长，以贵得民；三曰师，以贤得民；四曰儒，以道得民；五曰宗，以族得民；六曰主，以利得民；七曰吏，以治得民；八曰友，以任得民；九曰薮，以富得民。

顾众难于虑，始赖公劝，相周旋以卒底①于成。乡民迄今诵其功。

岁乙巳，郡大饥。富家咸腾谷，值牟大利，公独减价以粜，既复叹曰："减价非不利，无钱之家张口待哺者，独非乡人耶！吾安所利之！"乃命二子移粟宗祠，作粥糜，其法先朝，戒仆役预器用。日晡时，作粥达旦，及晨鸣鼓召。饿者至，则扃大门。鳞次跌坐庑间，男女幼稚别为区坐定，以次颁粥。食罢鸣鼓出，续至者用印臂为号，俾弗混焉。午讫事少，选涤器、舂米、注水、聚薪。及晡又作粥。如是者，凡两月诸风，奉受调度者，旦夕勤剧，不敢问他事。凡公所施，必使人受实惠。此法不知当时所存活者几百千人！视昔官府出帑，属吏役苟且将事，散之无度，或令过饱，或后至拥格不得食，往往僵死，名为救饥，实反杀之者。公诚得法，足著为令。

公生世凡七十有九年，中间家食久，父子两世济美，咸以淳心笃行，表议宗祠，嘉惠乡民，而功又文之以礼乐焉。故存则相与尊之德之，没则相与哀之思之，若不可一日无公父子者！公生二男子：长即职方君叔果，次进士君叔杲。咸竞爽足昌其世云。

论曰：昔汉贡禹②有言："居官而致富者，为雄杰；处家而得利者，为豪隽。"噫！俗敝③久矣，尝试论之。夫务致富者，必剥

---

①底：达到。
②贡禹（约前124—约前44），字少翁，后世尊为"贡公"。琅邪（今山东诸城）人，以明经洁行著闻于世，是董仲舒再传弟子。西汉政治家、经学家。
③俗敝：即"俗鄙"。

其民；务得利者，必陵其乡。未有进剥其民，退而能施者也；未有陵处其乡，进而能廉者也。雄杰豪隽之名，乃归之贪婪无耻者乎？夫参议公者，当其振缨天衢，徊翔郎署，迹犯亲故之嫌，位乏民岩之寄，未有以异于人也。及退而家食，修仁义之道，崇礼让之风，以联属其宗族乡党，又何其昭昭然，使由是进当导民阜俗之任，或专都邑，或锁方岳，为国家承流宣化，将必有丰功永业，覆盖元元^①，古来所称良牧，伯公曷让之！嗟乎！阡陌飞埃，雨施于山，函牛之鼎^②，以孰燕雀君子伤焉！抑公辞荣，耽寂之心，胜将留其身之所不及，遗之子若孙乎！

公生平细大，族弟佥宪君有《传》^③；有四明张尚书捃摭为《铭》；铨未之悉。惟撮其建宗祠，行《族约》，施荒粥者，详著于篇，俾世之休居大夫，读之不惟能令蹶弛陵跞者，因之羞言。入地而彼，自足于一丘一壑，于宗族乡党焉能为有无者，闻公之风，不有翻然自失，蹶然下拜者乎！

嘉靖庚申仲秋之吉

赐进士第奉训大夫南京工部营缮清吏司郎中宗佺铨 撰

---

①元元：即平民，百姓。
②函牛之鼎：指容纳一头牛的大鼎。形容气势恢宏。
③此句末，疑为漏字，补一《传》字。

参议东厓府君传①

王叔果②

先君讳澈，字子明，别号东厓。少颖异笃学，负士望。正德癸酉，举于乡。嘉靖丙戌，仕为礼部司务，历升兵部车驾司员外郎中。时少师张文忠为首相，府君以甥舅姻爱，乃退然敛抑，阴扶善类搢绅，至今称之。

乙未，归省；寻擢③福建布政司使左参议。侍大父母寿终，遂疏休致。府君简静庄重，而泽以中和，近人岂弟随贵贱，即之诚意恳至，谦谦靡盈④，而笃于仁义。林居几二十年，日惟赢赈乏，敦礼修德，为事建宗祠，行《族约》，覈⑤宗赋，施荒粥。凡邻里急难，及境土利病所宜兴革者，辄以身肩⑥之。果尝状府君曰："孝友刑于家，温恭慈惠孚于族，纯诚厚德，洽于乡邻姻戚，贤声义闻传颂与远迩搢绅。"噫！斯足以概⑦府君平生矣。

---

①此文录自《东嘉王氏世录》。
②原无撰写者，今据《东嘉王氏世录》王氏后裔庚尧跋文，即"西华公手笔"含义予以补入。
③擢：提升。
④靡盈：不足。靡：少。
⑤覈：同"核"。
⑥肩：承担。
⑦概：概括，总结。

生成化癸巳九月三十日，卒嘉靖辛亥九月十三日。寿七十九。配恭人潘氏，合葬十九都宋岙。卒后九年，果以兵部职方司主事满考，加赠府君朝议大夫。详见《志·传》。子二人：叔果，叔杲。吾乡自入国朝，兄弟无同第者；府君概①祭酒公以科甲起家，果兄弟并登进士，乡人称为世美云。

---

①此处"概"，应为"慨"，指感慨。

寿东厓翁七十序①

王应辰②

东厓王公以福建参议疏乞休，奉谕旨致仕。时年甫耆也。越十载为嘉靖壬寅，翁寿七旬。乡大夫云麓，郑翁率诸士友称寿，而属王生为辞以献。

生尝读汉儒言曰："有王泽之寿，有行仁之寿，有声闻之寿。"③斯三者，世之人难兼也。翁身际休明，初官春曹，继司夏省，历清华之选。仲公鹤山先生竞奕联荣，尊公溪桥翁、母张恭人，并绥寿祉，封章褒锡，累架上父子兄弟。金紫相辉，司为王泽，不亦丰乎？

翁性行醇厚，夙与舅氏张罗山翁同志业。及登朝，适张翁为首相，诸建置率国家大体，或缘意心有所麾斥。翁周旋于中，而忠贤阴藉；其庇归则敛迹谢纷，坐镇雅俗，多行阴德，事乡之人无贤愚疏戚，咸懽焉。斯为行仁，不亦普乎！弱冠负士望，中年乃仕，

---

①此文录自《王氏家录》外篇·卷五。此"序"指祝寿、贺寿的文体标志。
②原作"邑人王应辰撰，训导"。王应辰（1505—1566），字拱甫，号海坛，永嘉五马坊人。少年有神童誉，成年后仕途不顺，屡试不第，嘉靖四十年（1561）以贡授上海训导。与王叔果、王叔杲兄弟交好，曾和王叔果同修明嘉靖《永嘉县志》。
③此句见《中论》，是东汉时期的一部政论性著作，徐幹撰。徐幹（171—218），字伟长，北海（今山东昌乐）人。汉魏之际著名的文学家、思想家。"建安七子"之一。他认为人的寿夭并不由天的意志来决定，而是与人的心理、修养联系在一起的。

而贤声茂著。归田以来，公卿僚友，犹交誉而乐诵之，声闻訊①候者，前后如一日。

守土之官师，乡儒绅后学，承风薰德，罔不倾慕输服，尚论前辈风度，足以宽鄙敦薄者，必以翁为归。二子扬芳振俊，奋迹科名；又以文行，克世其家，斯为声闻，不亦彰乎？夫王泽遇之隆也，行仁施之溥也，声闻德之溢也，世所谓完福也。而翁具得之，是固关气运，光邦家，有非出于倖致者矣。众方以是为翁庆，幸而翁退然靡盈，谦谦下人，身望日崇，而充养益粹，不知老之至焉。

昔卫武公既耆，而不忘交儆，抑抑温温之训，口诵而身体之，卒以令闻长世。翁饬躬励行，有卫武风。而晬颜黔发，遐瞩矫步，见者不知为古稀。由此静颐天和，节宣元气，耆期之寿，固可卜而介也。

九月之晦，为翁诞辰，诸大夫跻堂迭觞，王生从诸大夫后，谨将以不腆之辞，诗曰："俾尔戬穀。"②又曰纯嘏，是常请为翁百岁祝。

---

①訊（fàn）：多言。
②语出《诗经·天保》，即"天保定尔，俾尔戬穀。罄无不宜，受天百禄。降尔遐福，维日不足。"意指上天保佑东厓公恒享福禄和平安。

120

训 言

旸谷公与玉苍公训言[1]

王叔杲

我止生尔一人，巨万家赀将来悉以付汝，若不努力做个好人，他日何以承受！尔平日气性偏僻，举动乖谬[2]，我亦难以尽言。今上天降灾示儆[3]，正是省悟之机，若能痛自惩改，则此灾未必非福。连夜反复开谕，犹恐尔不能记忆。今复书此数条，尔当铭心刻骨，朝夕诵之可也。

一、戒受用

凡人止有此福气，受用太过，必至灾生。此我屡屡言之，而尔不以为然。今后当痛自悔悟，一切俱从简朴，如宫室取足安身，

---

①此《训言》录自《王氏家录》卷一。旸谷公，即王叔杲（1517—1600），字阳德，旸谷，王澈公之子，叔果公弟。嘉靖四十一年（1562）中进士。授常州府靖江知县，改常熟知县。不久召为兵部武选协司署郎中，后历任大名府知府，苏、松、常、镇四郡兵备副使，右参政。60 岁时辞官归里。同叔果公倡筑永昌堡，建玉芥园、旸湖别墅，均极园林之胜。万历二十八年卒。著有《家礼要节》《玉介园存稿》等。子即玉苍公王光美，少游学京畿，青年从先父旸谷公随侍三吴。官至光禄署丞。文采出众，诗赋绝美，与何白等结"白鹿诗社"。著有《王季中集》。
②乖谬：荒谬反常，违背情理。
③示儆：显示警戒。

不必过于华美；器物取足便用，不必过于奇异；衣服取足适体，不必过求新鲜；饮食取足充饥，不必过求甘脆。不独省财，全是惜福。至于奇宝珍玩，皆是物之妖，极能作祸。自来积珍玩之家，未有不被天灾者。今书画止守见在，更不必过求古雅；花卉已为过多，不必更求增置。此皆所当切戒者。至若乘轿出入，尤非我心所喜，若造①府县间②一用之，似不可已。至于亲戚中往来，尊长步行，而尔偬然③乘轿，于心安乎？此又受用，第一当戒者。

二、受规谏

人非圣人，不能无过。贵为天子，犹重谏臣。人而不纳人言，则何以成人？尔有过误处极多，若非真心相爱，决不肯出言规谏，便和颜色听受，再拜谢之，则人皆乐为相告，可以无过举矣。若闻之艴然④，人亦何苦而与尔言？子路大贤人告之："有过则喜。"朱文公著疏谓："喜得闻，而改之也。"又小注云："仲由喜闻过，令名无穷焉！"今人有过不喜人规，如讳疾而忌医。宁灭其身，而无悟也。噫！此做好人第一义。此时不省，即吾今日言之谆谆，尔亦听之藐藐⑤矣。

---

①造：到，前往。
②间：间或，偶然。
③偬然：骄傲自得的样子。
④艴（fú）然：生气恼怒的样子。
⑤藐藐：轻视冷漠之状。

三、戒躁举

大凡气性躁暴，最为害事。稍拂意，即便出言过当，甚至叫号。内之而妻子，外之而同辈，下之而奴仆，何以当之？万一反面相抗其事，便不可已。所谓一朝之忿，忘其身，以及其亲，皆自怒气躁暴中来也。今后遇不如意事，便当反思，含忍少顷，性过气平，即恬然相安，何等省事！何等受用！此所当时时切念者。

四、厚族亲

族人原出一本，亲戚至情攸关，最宜用情忠厚。若永嘉场乃祖宗祠墓所在，寔我先迹之地。岁时祭享所，当乐趋以敦本。见尔来往永嘉场，便艴然蹙额，惟恐不获推避，此便是忘本处。至于亲族中庆吊①，彼来此往，情礼尤不可缺。以后当痛自省念，务为勤厚。凡遇此两种，决不宜有厌倦之心。至若拯救患难，周恤贫穷，自是义之当然。若惟知有己，而于亲族悍然不顾，他日必皆与我离心矣。此实所当切戒者。

五、耐交接

凡亲友来望我者，非亲情候问，便有事相干，不必问其人何如，即当趋出礼待，和颜温辞，务尽情曲。稍有厌倦之心，相见之间不免形之词色，其人背后必皆指谪诽谤。稍有道义之人，决不与尔往。而疏远亲友善类，倾覆②可立至矣。

---

① 庆吊：庆贺、吊唁。
② 倾覆：覆灭，失败。

要 节

《家礼要节》^①叙

王叔杲

　　余家自先世敦行《族约》^②，其所以节文之者，实惟文公《家礼》^③，因删繁撮要，稍稍损益，俾简而易从，总为一帙，曰：《家礼要节》。曩^④余令吴^⑤时曾镌刻焉。

　　顾吴俗尚奢，而入于靡；顷领郡魏博^⑥，魏俗则朴，而近于陋。

---

①《家礼要节》：旸谷公王叔杲时令吴（任职靖江县令）期间，据《朱子家礼》删繁撮要所著的节录本，曾有初刻。此乃重刻于明隆庆五年（1571），故有本叙，即序。

②《族约》：指东厓公王澈著《王氏族约》。

③《家礼》：即宋大儒朱熹所著《朱子家礼》，是宋代以后影响最大、践行最广的礼学著作，是近世（宋元明清）礼仪制度的代表。《家礼》不分士庶、人人皆可实行，突破了"礼不下庶人"的传统观念，礼文逐渐浸润民间。

④曩（náng）：从前。

⑤令吴：指旸谷公任职靖江令期间。据《王氏家录》年谱："嘉靖四十二年（1563）补靖江令。""嘉靖四十三年（1564）调常熟。""嘉靖四十五年（1566）擢兵部主事。"直至"万历元年（1573）升湖广按察，仍备兵三吴。"另，据冯时可撰《旸谷王公神道碑铭》："拜靖江令，……调常熟。"旸谷公令靖江不到两年，而宽严兼济，重视文教，撰《家礼要节》即是以礼约化民的明证。

⑥原文作"博"，即"博"的俗字。魏博，可解为"魏博之地"，此处统指今河北、河南、山东等一带相关辖域。

夫奢则荡而难挽，朴则俭而易循，古称忠信，为礼之质。魏俗其殆近之。余见今之为政者，率以乡约为首务，自监司以至守令往往申饬，顾于"四礼"①则缺而未讲。

夫所谓约者，约之以礼也，舍礼则奚②约哉！夫礼非强世，因人情而为之，节文以为民坊者也。故能止邪于未形，使民日徙善远罪而不自知。孔子之《论政》曰："道之以德，齐之以礼。"③余诵法孔子者，躬行君子。余实愧焉。乃若坊民之淫，而挽俗之陋，诚不能舍礼以有事矣。

既已申明乡约，因刻《家礼要节》，颁之州邑，顾诸大夫相与共成之。

明隆庆辛未④春三月望永嘉王叔杲书

①礼：指冠礼、婚礼、丧礼和祭礼，即《朱子家礼》述及的四种礼仪规范。
②奚（xī）：哪里。
③指此句出自《论语·为政》。原文是：子曰："道之以政，齐之以刑，民免而无耻。道之以德，齐之以礼，有耻且格。"
④即明隆庆五年，为公元 1571 年。

《家礼要节》祭礼①（选）

王叔杲

国朝官庙制未定，于是权仿朱子祠堂之制，奉高、曾、祖、祢四世之主，亦以四仲之月祭之；又加腊日、忌日之祭，与夫岁时俗节之荐享。至若庶人得奉其祖父母、父母之祀，已有著令，而其时享于寝之礼，大槩②略同于品官焉。

时祭 岁暮同

四时仲月行祭前旬，卜吉日。旧用掷珓为定，今拟依一统历，宜祭祀日省便。主人诣祠堂启椟③。不出主。就位，再拜。诣香案前，上香。跪告曰：孝孙某将以来月某日，祇荐岁事于祖考，既得日，敢告。俯伏。兴，平身，复位。再拜。礼毕。

前期三日斋戒。主人帅众丈夫致斋于外，主妇帅众妇致斋于内，沐浴更衣，不饮酒茹荤，不吊丧、问疾、听乐，凡凶秽之事不兴。前一日设位。主人帅众，及众执事者，洒扫正寝，设高祖考、妣位一于堂之中，考东妣西；设曾祖考位，及祖考位，及考位，于堂之东西向；设曾祖妣，及祖妣位，及妣位，

---

①《家礼要节》，王叔杲所著。全书围绕并撮要《朱子家礼》各章节，结合祭祀可操作性予以阐释和运用。鉴于参考了东厓公撰《王氏族约》，故而录其"祭礼"中一个章节，即"时祭"一篇，以为互阅之需。
②大槩（gài）：同大概，亦作大略。
③椟（dú）：即神主龛盒。

于堂之西。东向皆随世次稍退半席，席下各设茅沙袝位，两序相向皆男左女右。**陈器**。于堂中间用一卓①为香案，下置茅沙。又于香案之东南阶上设玄酒架，次设酒架，别设卓子于酒架东，上盛酒，注爵受胙盘。又于香案之西南阶上置火炉、汤瓶、香匙、火箸，又设卓子于火炉西，上盛祝板。又于阼阶下设盥洗帨巾。又设陈馔大床于其东。**省牲**。主人帅众丈夫省视。**具馔**。主妇帅众妇女预具，每位果六品，蔬菜脯醢②各二品，肉鱼、馒头各一盘，羹饭各一碗，肉每位各一串，务令精洁。未祭之前，勿令人先食，及为鼠所污。**厥明夙兴，设蔬果酒馔**。主人以下及执事者，俱诣祭所饭楪，每卓分为四行。近主一行，中置匙、箸③、盐醋楪，列其东，空其西以俟奠酒爵，爵之东设饭醋，楪之东设羹；次二行空以俟行礼时进馔，列炙肝、鱼肉、米面食之类；次三行设脯醢蔬菜，相间而陈次；四行设果品有牲。又于卓前置一卓子，以盛牲俎，取井花水为玄酒，盛以小瓶及酒瓶，俱安架上，炽炭于炉，以炙肝肉实水于瓶，以点茶祭馔。用盒盛置阶下大床。**质明主人、主妇，盛服诣祠堂启椟。执事者启④。出主**。主人诣香案前，跪，焚香告曰：某孙某今仰，某之某日，有事于高、曾、祖考、妣，敢请神主出就正寝，恭伸奠献。俯伏，兴，平身。**奉主就位**。主人奉考主，主妇奉妣，主子弟奉袝食主。**序立**。主祭位于东，兄弟以下位于主人之东，少退子孙及外执事者，以此重行列于主人之后。主妇位在西，弟妇、姊妹位于主妇之西，少退女子子妇及内执事者，亦以次重

①原文"卓"，即"桌"，下均同。
②脯醢（hǎi）：干肉和肉酱。
③箸（zhù）：同"箸"，即筷子。
④启：指开启龛盒，以备请出神主牌位。

行列于主妇之后，皆北向。其有伯叔、父母位次并居主人主妇位稍前，主祭有母则特位于主妇之前。参神四拜降神。执事开酒尊，取巾拭其口。主人盥洗，诣香案前。跪，上香，醉酒。子弟一人注酒于爵，自主人之左授主人，尽倾于茅沙上，一人自右接爵。俯伏。兴，再拜，平身。复位。进馔。子弟之长者，一人以盘盛炙肝鱼肉，一人以盘奉米面食，一人以盘奉羹饭，逐位进于神主前。

行初献礼。主人升执事者，注酒于爵，每位各一人从之。诣高祖考、妣前，跪。祭酒。执事者以爵自左授主人，倾少许于茅沙。奠酒。执事者自右受之，置高祖考前。祭酒，奠酒。执事者受之，置高祖妣前。俯伏。兴，平身。诣曾祖考、妣前，诣祖考、妣前，诣考、妣前。各如献高祖仪。诣读祝位，跪。主人以下皆跪。读祝。祝取板，跪主人之左。读：

维年月日，孝玄孙某敢昭告于显高祖考，某官府君，显高祖妣，某封某氏，显曾祖考、妣，祖考、妣，考、妣，称呼如高祖式。岁序流易，时维仲春、夏、秋、冬岁暮，改为岁律将更。追感岁时，不胜永慕，谨以洁牲粢，盛庶品，祗荐岁事，以某亲某官祔食尚享。

祝读毕，起。俯伏。兴，再拜，平身。主人以下同。复位，分献。兄弟之长者分献祔位，并进馔。亚献。终献。并同初献；但不读祝、祭酒。侑食诣香案前，再拜，复位。主人以下皆出。阖门①。无门则垂廉，与祭人俱退。少休食顷。祝噫歆②。祝当门北向，作咳声者三。按此古礼，

---

①阖门：即关门。阖：同合义。
②噫歆：即祭祀时，（祝）发声告神来享用祭品。

但作咳声，若出强为。今只令祝作噫歆者三，亦可。启门。主人以下各复位。献茶。主妇进茶于四代考妣前，子弟妇女分进衬位。饮福，受胙主人诣饮福位，跪。祝取高祖考前酒爵诣主人之右，跪授主人。受酒，祭酒。倾少许于茅沙。饮酒。饮毕，执事者自主人左受。受胙。执事者以胙授主人，主人受之以授从者。祝立于主人之左。致嘏辞①曰：

祖考命工祝，承致多福无疆于汝孝孙，来汝孝孙，使尔受禄于天，宜稼于田，眉寿永年，勿替引之。

俯伏。兴，再拜；兴，平身。主人退立于东阶上西向，祝立于西阶上东向。

告利成。祝曰：利成。在位者皆再拜，主人不拜。按：此告利成一节，若欲省之，则主人受胙后，再拜即复位。复位。辞神四拜。主人以下同。焚祝文，送主。奉主归龛如来仪。彻②馔。礼毕。

祭毕，尊长序立南面，次尊长以次序立东、西、北上。男左女右。尊长者递受毕幼之拜，既毕。男女异处坐而享馂③，谢祝颁胙于执事者，遍及微贱。按：《家礼仪节》④有冬至祭始祖，立春祭先祖，季秋祭祢之仪；但《大明集礼》不载，兹未敢从其季秋祭祢。如祢非宗子，则继祢之子自立祠堂。四时行祭，又不必于季秋特行也。

---

①嘏（gǔ）辞：古代祭祀时，执事人（祝）为受祭者致福于主人之辞。
②彻：此作"撤"义。
③馂：原刻版是作"酸"字，径改为"馂"，此处指馂食。
④《家礼仪节》：由明政治家、学者丘濬（1421—1491）所撰，于成化六年（1473）问世。该书取朱熹《朱子家礼》本注，约为仪节，易以浅近之言，使人易晓。丘濬博极群书，史称通儒，还著有《朱子学的》《大学衍义补》等。

《温州经籍记》^①节录

王氏澈《王氏族约》。《千顷堂书目》十一，一卷。 存。逊学斋藏抄本。

洪垣《序》：浙之称大家者，惟浦江郑氏，盖以义规为可尚云，其谨朴循礼，制度严密，虽为一家之训，而国派民风系焉。然民风之正，以士风倡之，予叹不可复见矣。今少参东厓王公，推予民范之意，广宗约，首诸乡邦，以祀事联族党，以族党修礼义，以礼义闲内治，以内治施有政，以有政措官刑而裴国宪，率皆约乎体要以循吾衷，洽诸人人而不可倦，岂非重士以为民俗倡也！夫古者宗法立则风俗淳，忠义出而朝廷尊。至唐颜氏犹以《家训》维大节，成社稷之勋。今兹约之行也，其古宗法之遗与！简而易从，曲而可则，故不出家而天下平者，用此道也。岂独吾郡乎哉？昔宓不齐谓孔子曰："自予得五人而单父治，张咏之守益州也，亦因张逵、李畋辈之学行，而一州之学者知劝。"今予得王氏，而民范有不行者哉！予兹试矣。 万历《温州府志》十五

王世贞《王副宪西华公志略》：公讳叔果，永嘉人。东厓公仕至福建布政使右参议，年四十馀始举。公既长，补博士弟子，

---

①孙怡让（1848—1908）著：《温州经籍记》，温州文献丛书，潘猛补校补，上海社会科学院出版社，第1版第1次印刷，2005年9月。

荐乡书，罢会试归，读书山中，其学益邃，时东厓公方树先祠，
辑世谱，饬宗法，公佐其成而详为之说，世所传《王氏约》者也。
《弇州史料后集》十六

侯一元《东厓王先生小传》：先生徘徊郎署者十年，乃始升
为福建参议。是时二亲并大耋，适告归，因遂不赴。如修谱牒，
建宗祠，著《族约》，不以节啬故俭其亲，不以菲废礼者，固先
生庸行也。　《二谷山人近稿》五

案：东崖王参议澈，万历《温州府志·宦业传》、乾隆《永
嘉县志·仕绩传》并有传。所著《族约》凡十篇，一祠仪、二俊仪、
三简任、四籍考、五汇训、六冠昏、七丧祭、八内治、九嘉言、
十善行，皆斟酌古今，根据礼典于敬宗收族之道，言之至悉。今
永嘉王族姓蕃盛，岁时尚遵行此《约》不替，亦义门郑氏之流亚也。

潘案：温州市图书馆藏敬乡楼抄本、乡著会抄本。逊学斋抄
本经孙诒让手校，不知其归何许。

年　谱

东厓公年谱

王靖其　编

为配合《王氏族约》辑注，参考《王氏家录》《王氏续录》《王氏实录》和《温州文献丛书》等文本，特撰成此《年谱》简编。

王澈，字子明，号东厓，官至福建布政司左参议赠朝议大夫，世居邑之华盖乡英桥里。父铤，号溪桥翁，溪桥翁有隐德，乡人戴之祀于社，以仲子祭酒公激贵封通政使司右通政。母张氏，封恭人，少师张文忠公女兄。舅父张璁，字秉用，号罗峰，官至少师吏部尚书华盖殿大学士、内阁首辅。二弟名激，字子扬，号鹤山，官至中宪大夫国子祭酒。三弟名沛，字子大，号仁山居士，抗倭英雄赠太仆寺丞。长子叔果，字育德，号西华，官至广东按察司副使。仲子叔杲，字阳德，号旸谷，官至大中大夫福建布政使司左参政。女一，适南康县丞严孔昭。

一岁

明成化九年（1473）九月三十日，东厓公出生。

三岁

明成化十一年（1475）。舅父张璁出生。

四岁

明成化十二年（1476）。二弟鹤山公激出生。

五岁

明成化十三年（1477）正月十二日，潘宜人生，永嘉场龙湾里潘郁之女。

十岁

明成化十八年（1482），就学于家塾，与舅父张璁、二弟激同砚席。

十三岁

明成化二十一年 （1485）。三弟仁山公沛出生。

十九岁

明弘治四年（1491），全家卜居横塘。

二十四岁

明弘治九年（1496），东厓公娶潘宜人。

三十五岁

明正德二年（1507）。鹤山公乡举，题目：子路有闻全章。东厓公与鹤山公为诸生，自相师友，每试并冠，两庠称士望者必曰二王。

四十一岁

明正德八年（1513），东厓公乡举，建双凤坊。

四十四岁

明正德十一年（1516）。西华公叔果出生。东厓公四十末举子，尝夜祈于天，得梦，遂生西华公。

四十五岁

明正德十二年（1517）。旸谷公叔杲出生。

五十一岁

明嘉靖二年（1523）。二弟鹤山公登进士。题目：君子博学于文全章。

五十二岁

明嘉靖三年（1524）。二弟鹤山公授江西吉水令。

五十四岁

明嘉靖五年（1526）。东厓公授春官司务。

五十五岁

明嘉靖六年（1527）。二弟鹤山公擢文选主事。

五十六岁

明嘉靖七年（1528）。二弟鹤山公典广东乡试。

五十七岁

明嘉靖八年（1529）。舅父张璁晋内阁首辅。

五十八岁

明嘉靖九年（1530），东厓公擢主事。

五十九岁

明嘉靖十年（1531）。父溪桥公疏除监政折色。疏略云：永嘉场五都尽籍灶业，成化间巡按林诚因存仓盐积滞分半为折色，弘治间侍郎彭韶复奏，辄本色并征银一千四百两，当时称便。后因海塘冲塌，无盐可煮而折色如故，十室九空，民皆逃逸，乞将折色均之通邑。疏上允之。父溪桥公筑沙城。计长二千六百一十九丈，共费金五千有奇，司其事者东厓公等。

六十一岁

明嘉靖十二年（1533），东厓公晋武库郎中。时朝臣有触犯谮误者，诏欲诛杀，公白张少师公力为调停，全活数十百人。

六十二岁

明嘉靖十三年（1534）。二弟鹤山公转右通政。

五月十四日潘宜人卒。

六十三岁

明嘉靖十四年（1535）。二弟鹤山公官祭酒。

东厓公补福建参议。

东厓公徙居郡墨池，建传忠堂后为玉介园。

母张恭人卒，寿八十五，上遣布政司姜仪谕祭张恭人。

六十四岁

明嘉靖十五年（1536）。父溪桥公卒，寿八十七，敕赐祭葬。

六十五岁

明嘉靖十六年（1537），东厓公修家乘。

二弟鹤山公卒，寿六十二，海盐郑端简公感恩为位而哭并作《传》。

六十六岁

明嘉靖十七年（1538）。上遣布政司龙大有谕祭通政溪桥公。

六十七岁

明嘉靖十八年（1539）。舅父张璁卒。

东厓公告归。

六十八岁

明嘉靖十九年（1540）。西华公叔杲乡举。题目：女奚不曰全。

七十岁

明嘉靖二十一年（1542），东厓公建大宗祠。东厓公于其祖墓之侧建祠，祀始祖万十一翁，以报本返始。配以四世祖樵云翁，及始封通政溪桥公，以崇德报功。祠为中堂三楹，旁有两厅，廊庑环列，以为会馂之所，可容千人。堂之外为仪门，又为石坊。费凡千金，皆出自公一人，不以丝粟烦其宗人。东厓公著《族约》，立约正、司讼、司纠，旌察淑慝，有陵噬忿争者则遵约听之，不使烦于有司。

七十一岁

明嘉靖二十二年（1543）。旸谷公叔杲乡举。题目：若圣与仁全章。

七十二岁

明嘉靖二十三年（1544）。父溪桥公配享东瓯王庙。

七十三岁

明嘉靖二十四年（1545），郡大饥，东厓公施粥。就宗祠设粥，召饿者入，扃大门，鳞次跌坐，妇女则别于堂中，日集者逾千人。前后计两月余存活无算。后有奸民搆倭来劫，将焚宗祠。或告之曰：

"是不可焚，数十年前数万人存活之地。"倭感慨而去。

七十六岁

明嘉靖二十七年（1548），东厓公修海塘，即永嘉场沙城堨故址。

七十八岁

明嘉靖二十九年（1550）。西华公叔果登进士。题目：子路问君子全。

七十九岁

明嘉靖三十年（1551）九月十三日，东厓公卒。卒之日，号痛震遐迩，助葬执绋数千人，自搢绅及闾巷莫不咨嗟痛盡，欲起公而不可得。

明嘉靖三十一年（1552）正月八日，东厓公卜葬宋嶴之原。

明嘉靖三十七年（1558），倭大扰，仁山公遇害。四月初旬偕族侄东华公往御抵梅岭，寇佯退。伺东华公分兵登山，海上突出一艅，公与从弟讳崇修崇尧公俱遇害。总督大司马胡公疏请恤典，敕赠太仆寺丞，荫子入国子监。西华公叔果、旸谷公叔果建永昌堡。周九百三十丈，高二丈五尺，水陆各四门，外环河水，费金七千有奇，悉出私帑，并疏请巡检司入堡以司启钥。旸谷公公车不赴，亲董其事。

明嘉靖三十九年（1560），西华公以兵部职方司主事满考，加赠东厓公为朝议大夫。

明万历十五年（1587）九月，东厓公改葬于五都茅竹山。

从王澈说到永昌堡英桥王氏

洪振宁

《王氏族约》，水平很高，订立 10 个方面内容，如第五《汇训》的 22 条，读了让人感动，还有附录，也很有史料价值。重点是成人之道，两个方面：学以修身，行善养德。

当今社会，自家庭到学校到社会，明代社会，多了一个中间环节，即家族这个纽带，以祠堂为平台。家族与社会的关系的研究，是研究传统文化的重大课题。但我们至今对家族与社会的关系的探讨很不够深入，许多问题并不清楚。可以通过以王澈为个案，通过对英桥王氏的进一步研究，将温州地方传统文化的创造性转换与创新性发展再向前推进。研究英桥王氏，先辈已经给我们留下了大量的相关文献史料。尤其是明《东嘉英桥王氏重修宗谱》这一温州地区目前所存最早的族谱，期望在汇集英桥王氏史料的大部头图书出版后，整个研究再进一步推向深入。

家族鼓励族中子弟接受书塾的教育，家族激励族中人们做善事而养德积德。英桥王氏三世祖王珍开辟家塾，乐于助人，到了八世祖王澈（1473—1551，1513 年中乡举），英桥王氏将此两方面更进一步，温州文化史发展到第二个高峰期，即人文永嘉场时期，应当有王瓒、王澈、张璁、项乔的位置，每一位都代表了一个群体，相互之间又互动合作。王澈的历史地位，是接过接力棒，继续在四个方面有所作为：一是书塾教育，二是行善养德，三是培养人才，四是编刊典籍。以下分别叙述之：从家族做起，鼓励读书。传统社会注重修身齐家。王氏家族自明代宣德初年到明代末年大约220年间，整个家族经考试被录取进入学堂的读书人有387人，至清道光三十年（1850），再增添478人，合计865人。然后，水涨船高，从王澈这一代开始，自嘉靖初至明代末，约120年，永昌堡居民考中进士的人数约占温州地区的四分之一。族人抱团行善，行善养德。我曾经写作有关英桥王氏的文章中已提到，在明代中后期，这个家族支持赞助兴办的地方公益与慈善事业，特别得多。从目前看到的史料记载，在明时期中，没有超过英桥王氏的。在龙湾永昌堡修筑的桥，明代后期捐资修缮温州地区的学校，牵头并参与修筑海堤，捐资重修东瓯王庙、王谢祠、江心屿东塔西塔、江心寺山门以及浩然楼、澄鲜阁等。家族激励子孙上进，培养人才。王澈晚年在家乡的二十年中，教导儿子王叔果、王叔杲读书做人，读好书做好人。正是王澈在家乡并健在时，教导王叔果（1516—1588，1540年中乡举）、王叔杲（1517—1600，1543年中乡举），兄弟两人先后考中乡举，后来考中进士（王叔果1550年考中进士，王叔杲1562年考中进士），成为远近知名的人物，首先当是王澈的功劳。还有，就是对长孙王光蕴（1540—1606）的培养。族人为地方公益谋划、经营、出力。编纂地方志，兴办地方公益事业等，王澈起到了带动与推进的作用。王澈的儿孙均有出息，王叔果修纂明代永嘉县的第一本志书，王叔杲任靖江县令即修县志，后来刊刻《尽言集》《赤城夏先生集》，王光蕴则在 1590 年编纂《江心志》，1602 年校补《永嘉县志》为十七卷本，1605 年编纂万历《温州府志》。

在嘉靖《永嘉县志》人物志书中，对王澈有一段简明的记载，这是他逝世之后最早的带有评述的文献，出自王叔果的手笔，是可信的。这段文字说王澈："性宽和庄重，与人诚意恳至，望之知为长者。林居几二十年，日惟推羸振乏，敦礼举义，创宗祠，行族约，凡乡邻有急难及地方利病所宜兴革者，辄以身肩之。"在家乡近二十年中，从事于温州民间社会治理，王澈进一步发挥与强化了宗族祠堂与家谱的激励与处罚制度，进一步将合群运营应用于家族与地方社会，并通过自身与儿孙的示范，在温州民间建立了知识人在地方社会自治之中的引领作用机制，进一步推动了知识人在民间社会之中经营地方公益与抱团行善的社会风气。也就是说，王澈在率领家族为社会做贡献，在引领机制与运营路径的探讨方面，给整个温州地区带了好头。

当年英桥王氏如王澈等人鼓励子孙读书成人，激励族人向上向善，很能体现温州人精神，今天的我们需要与时俱进，进一步推动人文永嘉场的研究，推动新文化的建设与发展。

乡贤是永嘉场文化的慧根

——纪念英桥王氏八世王澈诞辰 550 年

章方松

　　明代温州永嘉场，文风鼎盛，人才辈出，民风淳朴，源于纯正家风的代代相传。永嘉场一地重视引导乡间宗族家风文化建设，凡乡里望族宗谱皆制订族规族约，严明家风家范。特别是英桥王氏第八世王澈制定《王氏族约》开永嘉场乡规民约之先锋，引领宗族文化与家风走向辉煌之道。《王氏族约》十章，分为祠仪、馂仪、简任、籍考、汇训、冠婚、丧祭、内治、嘉言、善行等，规章完备，有规可循，有约可行，宽严分明。王氏族规条约的可贵之处在于，以文化为根柢，倡导家国情怀，紧密联系"修身、齐家、治国、平天下"主旨，将诸多行为规范与精神涵养，融会于遵循社会公共秩序的目标中。

　　一、王澈在英桥王氏历史中具有承前启后的作用

　　（一）英桥王氏历代重视文化教育，培养人才为重要的宗旨。《万历英桥王氏族谱》中记载：三世王珍辟家塾，延师教育子弟。三世王环、四世王毓、五世王民、六世王塏嗜学好读书。七世王鈇"生而慧敏，笃嗜问学，凡经史百家悉涉猎其大义，发而为诗文，多冲澹融畅成一家言""于其所居有藏书阁"（王叔果编《万历英桥王氏族谱》，明万历刻本）七世王铨"性嗜学，家无赢赀而勉致群书，行卧必偕，遇疑义札记待问，老而靡倦。教授于乡，乡子弟皆受益焉"（王叔果《师古翁传》，王叔果编《万历英桥王氏族谱》，明万历刻本）。（二）科举文化迎来高潮期。经过前七世先辈对文化教育重视，培滋了丰厚的文化土壤，重视文化教育与参与科举的培育，到了八世王澈时掀起了新高潮。英桥王氏文化与人才鼎盛的时期即将到来。王澈致仕回故里，以家国情怀开始注重治理家族的人文理念，并制订《王氏族约》，加强家族文化的文明治理与加强内在文化凝聚力与向心力，起到了重要的潜在性的效应。并由此引领整个家族走向科举与官场、社会文化的高峰期。（三）王澈处于英桥王氏历史前 200 年、后 500 年家族文化发展史中的中坚人物。他传承与发展前 200 年家族的人文教育与家族治理的思想，启后引领500 年的文化辉煌。

二、认识《王氏族约》所包含乡村社会治理与人文建设理念

王澈是一位有思想与理念有抱负的乡贤，为中国乡村治理提供了一个重要的法规性的蓝本。中国古代行政管理仅设为县令一级，下面乡村靠乡绅与宗族自治自理。《王氏族约》的全面实施与治理乡间社会与文化，为推动乡村法理性自治提供了重要的规范性文化模式。王澈的《王氏族约》，与张璁的礼制改革相辅相成，是紧紧地依托乡村宗祠的祭祀与家庙文化相统一。这样为维持与治理中国乡村文化的"礼失求诸野"，提供了重要的乡规民约的文化与纪律的保障。

《王氏族约》囊括祠仪、馂仪、简任、籍考、汇训、冠婚、丧仪、内治、嘉言、善行等十章，每一章都是独立的又是统一的整体。这一整体性也构成了王澈对乡村社会秩序与伦理规范的理论体系性与治理的体系性的一致性。（一）学术理念与家族治理相统一。《王氏族约》中的祠仪（祠堂）、馂仪（祭祀）与中国传统经典《周礼》《尚书》的传统礼制与思想内涵，有着一致性的文化传承理念。这是以中国传统礼学的学术思想统摄《王氏族约》的主要思想。（二）文化教育与涵养性情相结合。《王氏族约》中的善行、嘉言等通过文化教育，涵养人们性情与行为，以及优化道德理念相统一性。大众的审美思想与文化涵养的性情，决定着社会大众的文明精神的气度。（三）敦伦睦族与社会秩序相融。《王氏族约》中内治、冠礼等内容与社会公共伦理道德相融，促进社会秩序的文明礼仪。《王氏族约》将敦伦睦族，作为促进社会秩序的和谐，有利于社会和谐稳定与秩序文明。当时的温州府将《王氏族约》作为全面推广的公认的家族内务条约，从某种意义上讲，相对具有某种法规的效力。通过宗族事务管理，从而使社会大众的行为有规范可循，提高整个社会文明秩序，有着一定的社会文化意义。（四）勤政廉洁与家国情感相一致。《王氏族约》中籍考、汇训等，具有引领大众为人处世或为官的行为道德与人格意志的训导。通过具体内容教育，将为官勤政廉洁作为家国情怀的重要情感与思想追求的目标。

三、从现代社会管理与伦理规范，认识《王氏族约》现代人文价值意义

历史在发展变化中，当下是跨文化沟通与互动中，中国文化要面对世界文化互动碰撞中的挑战。从现代社会管理与伦理规范认识，必须从历史发展视野认识《王氏族约》的新的启发价值，深化挖掘与提炼其精神内涵与特点的人文价值意义，将乡贤的文化精神转化为现代人文思想资源。这是一项值得深化研究与思考的重要的工作。从历史角度来认识，英桥王氏历代先贤坚持儒学涵养，礼乐诚信，以族约族规为载体，培育族人社会公共行为规范意识，启蒙培育家风正气。主要特征表现在：（一）传承先贤文化传统，坚持儒家礼乐理念，实施耕读育人植德。家族人才辈出，历代族内有状元、传胪、进士等 13 人，举人副榜 15 人，庠生近千人。（二）倡导家国人文情怀，引领族众护国爱乡。明代英桥王氏组织乡间民众连续八次击败倭寇侵扰，王沛、王德为抗倭殉难。王叔果、王叔杲兄弟为此发动乡亲捐资建堡抗倭，迁军队入堡，军民联防，为历代先例。王氏家族成员还情系桑梓，重视乡间文化建设。明代温州重要文化标志建筑，如江心屿古塔、陈傅良书院等，皆由英桥王氏出资与主持修建。（三）奉行为政以德，以为官清廉、奉公守法为荣，教育子孙不要贪污枉法。历代为官者，戒贪去奢，清正廉洁。并在家山摩崖"濯缨"两字，为洗心警示！（四）以敦伦睦族为准则，勤俭持家，生活俭朴，事亲必孝、事长必敬、兄友弟恭，夫义妇正，凡人事往来讲究仁、义、礼、智、信。（五）践履礼义廉耻德行，严格遵纪守法，奉行淡泊养志，宁静明心，礼乐诚信，崇尚气志，杜绝习惰好闲、培养高尚志趣。作为永嘉场望族，英桥王氏坚持弘扬地域文化，引领永嘉场众多望族，以家国情怀为先导，注重族规家风建设，倡导俭朴生活，注重礼义熏陶，以儒家大道的精神，教育熏陶历代子孙，堪称治家之典范。

结语

乡贤文化是一个地域文化的慧根。一个地域没有乡贤文化，也就是说这个地域没有深厚的文化底蕴。然而，也必须认识到乡贤文化有着时代性与地域性特征。永嘉场文化最辉煌在明代。永嘉场明代文化是明代永嘉场乡贤创造的文化。乡贤是永嘉场文化的慧根。如何提炼乡贤文化与时代精神、地域文化相适应的人文思想，促进地域文化的提升与丰富人文内涵，转化为现代人文资源？这是当前需要思考的新课题。近年来，龙湾文化人以及区历史学会、社会各界的同人，对永嘉场文化的挖掘与宣传做了大量工作。特别是永昌堡文化研究会的同人们，对永昌堡文化的弘扬与深化研究，做了具有成效的工作。不久前编纂出版《永昌堡志》，不仅是对永昌堡的文化宣传，更是对永嘉场文化挖掘与提升起到了重要的作用。家族文化是永嘉场文化重要的组成部分之一。《王氏族约》是一种无形的人文资源，对于人们的影响与感化是潜移默化的。英桥王氏后裔王身康、王一平、王靖岳、王剑峰诸位先生，为《王氏族约》的整理与出版，经过精心策划与校注，做了大量工作。这是一种文化的自觉与文化的担当意识，更重要的是对家乡文化的深厚情怀。这种文化情怀是对乡贤的恭敬，更是在社会发展中对文化担当认知高度的悟觉境界。

后 记

　　《王氏族约》重新整理，缘于王澈（1473—1551）诞辰550周年英桥王氏族人纪念活动。此次整理除参照"乡著本"校订外，还根据"敬乡楼本"等，录入了两篇《〈族约〉序》和一篇《宗祠记》、一篇《施粥纪事》，一篇《王氏族约》跋，构成其内篇、外篇浑然一体。且录入《重修〈英桥王氏族谱〉序》一篇和《墓志铭》一篇、《纪传》多篇、《旸谷公训言》四则、《家礼要节》选，新编东厓公年谱等，作为辅篇；还就宗族溯源做了适当钩沉，力求使全书整体更加完备，来龙去脉更加清晰，也自更富文献参考价值。

　　东厓公之作《族约》，计十篇，凡一万两千余字，苦心积虑之志也。时值朝廷推崇，尚行所及，家约族训渐成气候，蔚然成风。与之东厓公建宗祠、行春祭承先而启后，营筑沙城、施粥赈灾等，咸异曲而同工。

　　自《族约》初刊颁行以来，将近500年间，昌荣盛隆，也几起几落，以至于渐为遗响。20世纪初，徙平阳王氏裔孙海髯公假从《玉介园存稿》析出，并经温州先贤梅雨清先生悉心誊录，再由集敬乡楼丛书和乡著本俟以重见天日。前永昌堡文化研究会诸公，于公元2013年籍刊《王氏家录》《世录》《续录》计五卷，予以影印，广为传阅，导引宗族之家风，迪化众民之良心。时至今日，已逾十余年矣。

为进一步弘扬优秀传统文化，梳理宗族根脉，助推家风淳美，协力乡村振兴；追忆先贤，不忘初心，不辱使命，协助前行。经永昌堡文化研究会同人酌商，以单行本从《续录》逐列排版，整理刊行，而形成为内篇、外篇和辅篇一个整体，更有广于阅读。乃为乎始终，亦为乎风纪，且曰：是以造福当下，功德千秋矣！

于此，要感谢温州图书馆的陈瑾渊主任提供地方文献资料便利的支持，感谢沈洪保先生指导和蔡榆、方坚铭、褚坚、龚山平、方长山等诸位同人指点，感谢王凡给予文字输入的尽心尽责付出，感谢王昕、陈佐认真书写相关内容，从而使本书的辑注工作做得更为顺畅。诚然，匆促之间，智识与水平所限，虽诚竭勉力，而错漏或亦难免，祈望见谅，并不吝赐教指正，待修订再版予以完善。诚惶诚恐，稽首鞠躬！

王靖岳 王剑峰

图书在版编目（ＣＩＰ）数据

王氏族约辑注 / (明) 王澈原著；王靖岳，王剑峰

辑注 . -- 北京：中国文史出版社，2024. 11.

ISBN 978-7-5205-4868-7

Ⅰ. K820.9

中国国家版本馆 CIP 数据核字第 2024XX2522 号

责任编辑：戴小璇　　詹红旗

出版发行：中国文史出版社

社　　址：北京市海淀区西八里庄路 69 号院　　邮编：100142

电　　话：010-81136606 81136602 81136603（发行部）

传　　真：010-81136655

印　　装：温州市北大方印务有限公司

经　　销：全国新华书店

开　　本：889mm×1194mm 1/32

印　　张：12

字　　数：78 千字

版　　次：2025 年 1 月北京第 1 版

印　　次：2025 年 1 月第 1 次印刷

定　　价：58.00 元

文史版图书如有印、装错误，工厂负责退换。